/ 100 位

为新中国成立作出突出贡献的英雄模范人物/

戴安澜

宋晓维　王晓书/编著

吉林文史出版社

图书在版编目（CIP）数据

戴安澜 / 宋晓维，王晓书编著. -- 长春 : 吉林文史出版社，2011.4（2022.4重印）
（100位为新中国成立作出突出贡献的英雄模范人物）
ISBN 978-7-5472-0577-8

Ⅰ.①戴… Ⅱ.①宋… ②王… Ⅲ.①戴安澜（1904～1942）－生平事迹 Ⅳ.①K825.2

中国版本图书馆CIP数据核字(2011)第051229号

戴安澜

DAIANLAN

编著/ 宋晓维 王晓书
选题策划/ 王尔立 责任编辑/ 王尔立
装帧设计/ 韩璘
出版发行/ 吉林文史出版社
地址/ 长春市福祉大路5788号 邮编/ 130118
电话/ 0431-81629363 传真/ 0431-86037589
印刷/ 天津海德伟业印务有限公司
版次/ 2011年4月第1版 2022年4月第6次印刷
开本/ 640mm×920mm 1/16
印张/ 9 字数/ 100千
书号/ ISBN 978-7-5472-0577-8
定价/ 29.80元

《100位为新中国成立作出突出贡献的英雄模范人物》丛书

/ 100 位

为新中国成立作出突出贡献的英雄模范人物/

八女投江　于化虎　小叶丹　马本斋　马立训　方志敏
毛泽民　毛泽覃　王尔琢　王尽美　王克勤　王若飞
邓　萍　邓中夏　邓恩铭　韦拔群　冯　平　卢德铭
叶　挺　叶成焕　左　权　诺尔曼·白求恩　任常伦
关向应　刘老庄连　刘伯坚　刘志丹　刘胡兰　吉鸿昌
向警予　寻淮洲　戎冠秀　朱　瑞　江上青　江竹筠
许继慎　阮啸仙　何叔衡　佟麟阁　吴运铎　吴焕先
张太雷　张自忠　张学良　张思德　旷继勋　李　白
李　林　李大钊　李公朴　李兆麟　李硕勋　杨　殷
杨子荣　杨开慧　杨虎城　杨靖宇　杨闇公　萧楚女
苏兆征　邹韬奋　陈延年　陈树湘　陈嘉庚　陈潭秋
冼星海　周文雍、陈铁军夫妇　周逸群　明德英　林祥谦
罗亦农　罗忠毅　罗炳辉　郑律成　恽代英　段德昌
贺　英　赵一曼　赵世炎　赵尚志　赵博生　赵登禹
闻一多　埃德加·斯诺　夏明翰　格里戈里·库里申科
狼牙山五壮士　聂　耳　郭俊卿　钱壮飞　黄公略
彭　湃　彭雪枫　董存瑞　董振堂　谢子长　鲁　迅
蔡和森　戴安澜　瞿秋白

前言

每个人的心中都多少有一点英雄情结，都向往英雄、景仰英雄。也正因此，在中华人民共和国建国六十周年之际，由中央十一部委联合组织开展的“100 位为新中国成立作出突出贡献的英雄模范人物和 100 位新中国成立以来感动中国人物”的评选活动中，群众参与投票总数近一亿。这其中的每一张选票，都表达了人们对英雄模范的崇敬之情，寄托着对伟大祖国的美好祝福。

一个民族不能没有英雄,否则这个民族就不会强大。当国家危难之时，懦弱者选择了逃避、妥协甚至投降，英雄们却挺身而出，用热血捍卫民族的尊严，人民的幸福。在创立和建设新中国的伟大历程中，涌现出无数可歌可泣的英雄模范人物。他们之中，有为了民族独立和人民解放而英勇牺牲的革命先烈，有为了党和人民的事业而不懈奋斗的优秀共产党员，有在全民族抗战中顽强奋战、为国捐躯的爱国将士，有英勇杀敌的战斗英雄和革命群众，有积极从事进步活动的著名民主爱国人士和国际友人……他们是民族的脊梁、祖国的骄傲，是激励全体人民团结奋斗的精神力量。

《100 位为新中国成立作出突出贡献的英雄模范人物传记》丛书，就像一部星光璀璨的英雄谱，真实、完整地记录了英雄模范人物不平凡的一生，再现了他们非凡的人格魅力和精神世界。“头颅可断腹可剖”的铁血将军杨靖宇,“毫不利己，专门利人”的白求恩，抗战军人之魂张自忠,“砍头不要紧”的夏明翰，“俯首甘为孺子牛”的文化斗士鲁迅……一串串闪光的名字，一个个动人的故事，犹如群星闪烁，光耀中华。

如今，战火已熄，硝烟已散，英雄已逝，我们沐浴在和平的幸福之中。在和平年代，人们不会忘记为今日的和平浴血奋战的英雄们，英雄的故事永远不会结束。让我们用英雄的故事唤醒我们心中的激情，为中华民族的伟大复兴而奋斗。

生平简介

戴安澜（1904–1942），男，汉族，安徽省无为县人，中国国民党党员。

戴安澜1924年投奔国民革命军，黄埔军校第三期毕业。1926年参加北伐。1933年率部参加长城抗战。全国抗战开始后，任国民党军第十三军第七十三旅旅长。1938年春率部参加台儿庄战役。因战功卓著，升任第八十九师副师长。同年8月率部参加武汉会战。1939年1月任国民党军第五军第二〇〇师师长，先后率部参加随枣、长沙、昆仑关等战役，立下战功。1942年3月，奉命率部参加中国远征军赴缅甸作战。他率二〇〇师不惜冒孤军深入的危险，开进同古。同古保卫战打响以后，二〇〇师全体官兵坚守阵地，勇猛还击。他带头立下遗嘱：只要还有一兵一卒，亦需坚守到底。全师各级指挥官纷纷效仿，誓与同古共存亡。同古保卫战历时十二天，二〇〇师以牺牲八百人的代价，打退了日军二十多次进攻，歼灭日军四千多人，俘敌四百多人，予敌重创，打出了国威。撤退过程中，在缅北密林遭日军伏击，身负重伤。由于缅北密林地形复杂和连绵阴雨，终因缺乏药物医治，他的伤口化脓溃烂，在缅北距祖国仅一百多公里的茅邦村，壮烈殉国。

1904-1942

[DAIANLAN]

◀ 戴安澜

目录 MULU

走近名将戴安澜（代序）

这是一位威风八面的将军，一位驰骋疆场的英雄：高大魁梧，相貌堂堂；他有着不同凡响的军人气质：英武深沉，帅气潇洒，儒雅和善。

他离我们很远：战死于68年前——那是个战火纷飞，激情燃烧的年代；在一生最后的十年，这位英雄所要面对的不是鲜花、绿树、歌声和美酒，而是我们久违了的残酷战争：飞机轰炸，枪炮齐鸣，刺刀耀眼，血流成河。在那个年代，要成为英雄，靠的不是激昂的话语，而是真刀真枪的拼杀，要用鲜血和生命作为代价来换取荣誉！对这些，我们虽然有些许的陌生。但他离我们又很近：我们熟悉的《义勇军进行曲》，现在是《中华人民共和国国歌》——当时也是他为自己那支英雄部队——第二〇〇师所选定的军歌。我们唱着这首歌纪念中华民族历史上那场最伟大的战争，他们唱着这首歌去赢得这场战争。长城脚下，大江南北，南国边陲，友邦缅甸，都留下过他战斗的足迹。我们知道，没有像他那样一批民族的脊梁，就没有抗日战争的胜利，也就没有民族的解放和新中国的诞生！

在纪念抗日战争胜利60周年的时候，胡锦涛同志曾经列举了国共两党的八位著名抗日将领，其中就包括他——牺牲在国际反法西斯战场上的第一位中国将领戴安澜。应该说，他是与我们今天幸福生活密切相关的一位著名将军，一位我们应当崇敬和钦佩的民族英雄！

我们崇敬和钦佩戴安澜将军，首先因为他是一位威震中外、当之无愧的抗日名将。他长于谋略，善于用兵，身经百战，屡建奇功。他参加过的台儿庄战役，中国军队投入了27个师，歼灭日军一万余人；他所单独指挥的缅甸同古战役，仅以一个师抗击四倍于己的强敌，歼灭日军5000人！

我们崇敬和钦佩戴安澜将军，还因为他是一位中华民族公认的民族英雄。作为民族英雄，与众不同之处，是他单独拥有中国历史上的几个“之最”：

他是中国历史上第一个机械化师的师长，在他手下第二〇〇师取得了骄人战绩。他是中国现代战争史上第一个指挥部队在国外土地上打胜仗的将军。他是在第二次世界大战中第一位因战功获得美国勋章的中国将军。

他同时得到国共两党领袖的高度评价：蒋介石称他为“当代标准青年将领”、“国魂”，并为他写了挽诗；另一位为他写挽诗的是毛泽东；周恩来则赞誉他为“黄埔之英，民族之雄”。

当年，戴安澜勇敢地担当起时代赋予的挽救民族危亡的重任，弘扬了中国人民的国际主义和民族牺牲精神。他用自己的宝贵生命和不朽战绩，赢得了中国在国际反法西斯阵营中的地位和声誉。他是民众的楷模，时代的先锋，祖国的骄傲！

戴安澜就是这样一位为民族大义而战的爱国名将，一位顶天立地的伟大英雄！我们只有走近他，才能了解他，认识他，学习他。

天资聪颖 博学立志

（1904—1923）

一 孺子启蒙

（0–13 岁）

在安徽省境内，有一个在中国历史上颇有名气的无为县。它东临长江，北依五行山，与芜湖、铜陵隔江相望，是一个富饶美丽的鱼米之乡。从宋代熙宁三年（1070）无为设县，至今已经有近千年历史。无为县人杰地灵，历代名人荟萃。宋代著名书画家米芾（与苏轼、黄庭坚、蔡襄并称宋代四大书法家）就成长在无为。宋明以来，无为县的土地上产生了众多的名臣墨客。到了现代，更涌现出白话文的倡导者李辛白、与艾青齐名的诗人田间、作曲家吕其明等著名人物。历史上无为籍名人似乎以文人学者居多，但到民国，却出现了两位名声显赫的军界精英：一位是号称“中国装甲兵之父”的徐庭瑶，另一位就是本书的传主、独享国共两党最高领袖共同撰诗赞誉的抗日爱国名将戴安澜。

1904 年 11 月 25 日（农历甲辰年十月十九日），戴安澜出生在无为县城西南练溪乡（今仁泉乡）的风和村。这里山清水秀，气候温和，土地肥沃。从元代起，戴氏的祖先就从江西逃难到无为县练溪乡的洋头村。经十几代人的繁衍生息，戴氏后代从洋头村拓展到了凤栖山一带，其宗族的百余户人家分别居住在旗杆、大门口、风和三个村庄。

戴安澜原本生在一个“家世业农，父兄均力耕”的家庭。其祖父戴昌裕是位老实忠厚的农民，但伯祖父戴昌淦却是前清贡生，以文章精美闻名于本乡。戴昌淦不慕仕途，隐居乡间，由于体弱多病，不幸壮年早逝。戴昌淦膝下无子，为继香火，戴昌裕遵从兄嫂之命，遂将长子晋仁、三子礼明承祧伯祖父戴昌淦的名下。伯祖母戴周氏出生于桐城的书香门第之家，通晓诗文礼仪。她希望晋仁和礼明也能够成为知书达礼之人，在她的引导督促下，戴晋仁和戴礼明读书都很用功。戴晋仁写得一手好文章，文质彬彬，品正行端。戴礼明长于交际，热心助人，办事公道。兄弟俩相得益彰，在本乡颇有威望。

戴礼明成年后迎娶汪氏为妻。汪氏稳重贤淑，生有六个子女。戴安澜在兄弟姐妹中排行老三。在戴氏家谱中，他属“衍”字辈，幼时父亲为他取名“衍功”。

父亲戴礼明是戴安澜的第一位人生教师。父亲宽厚善良，心态积极，热情豪爽。他的言谈举止，给幼年的戴安澜带来了很深的影响。戴礼明爱好戏曲，每年秋收过后，农闲时节，常去乡村戏班子里帮工打杂，换取一点菲薄的报酬以补家用。偶尔戏班子里人手不够，还会登上戏台跑跑龙套，过过戏瘾，或客串某些不太重要的角色。戴安澜小时特别爱看父亲唱戏。在看戏时他会瞪大眼睛细心观看戏中的每一个情节，之后还要对戏中人物进行评说，对其忠义奸佞、是非善恶加以褒贬。这不仅会令小伙伴们钦佩不已，而且也常得到长辈们的赞许。

父亲热心乡里公益之事，街坊四邻有个大事小情，他都要出面相助，为大家排忧解难。父亲的言传身教，戏剧中绿林好汉除暴安良的正义之举，给戴安澜幼小的心灵打下了深刻的烙印，使他形成了乐于助人、行侠仗义的品格。平时孩子们在一起嬉戏玩耍，如果有谁无理欺侮自己的伙伴，他就要学着戏中好汉的样子，挺身而出，仗义执言。小伙伴不管是谁遇到了困难，他都要热情帮助。有时走在路上突遇大雨，他唯恐小伙伴被雨水淋湿，就毫不迟疑地脱下自己的长衫，给同伴换上。逢年过节，家里会分给孩子们一份平时吃不到的食品，他舍不得一个人都吃掉，就把家境更为贫苦的小伙伴找来，大家在一起分享这少许的美味。

戴安澜有幸生于一个文化氛围浓厚、重视孩子读书学习的家庭环境里。伯祖母戴周氏对孙子辈的读书写字更为关心，总是严格督促他们的学习。伯父戴晋仁认为侄儿戴安澜长大后一定会有出息，把他当做自己的亲生儿子一样看待。伯父经常把戴安澜带在身边，给他讲一些为人处事的道理，教他要强上进，将来做一个有用之材。在祖母和父辈的教诲下，戴安澜很小就懂得了读书的重要性，养成了热爱学习的好习惯。尽管家中生活并不宽裕，但父亲见他天资聪颖，很有灵气，是块可雕琢的璞玉，便决定节衣缩食，让他去上学读书，以期将来能够“出人头地”、“光宗耀祖”。

1910年，戴安澜6岁了，父亲把他送进了村里的私塾馆。教书先生一见到他就非常喜欢，给他取了一个学名叫“炳阳”。

戴炳阳一进入私塾馆，在同龄孩子里面就显得与众不同。他既勤奋好学，又十分聪慧。读起《三字经》、《百家姓》和“四书”、“五经”来，别的孩子都觉得枯燥乏味，学不进去，也记不扎实，常要挨先生的板子。可小炳阳念起书来却津津乐道，孜孜不倦，学得快，也记得牢，每次上课都会受到先生的夸奖。小炳阳文化基础好，又比一般孩子的接受能力和理解能力强，自然学得好，且能够领悟书中的含意。先生更加喜爱他，总要特殊给他一点讲解与指点。读书对戴炳阳来说，具有极大的吸引力。他深知家庭生活艰辛，求学不易，因此刻苦攻读，成绩优异。几年的私塾学习，使戴炳阳的学业有了很大的长进，这启发了他的智慧，打开了认识广阔世界之门。

㊀ 名师高足

☆☆☆☆☆

（14–17 岁）

随着戴炳阳学习的不断进步，村里的私塾已经不能满足他的求知欲望。为了让炳阳获取更多的知识，也为了孩子将来有个好前程，尽管家中经济拮据，长辈们经过商议，还是决定为他创造一个更好的学习环境。

在无为县西南约二百里的桐城，有一位晚清著名学者、桐城派名士周绍峰，是无为戴氏的亲戚。1918 年，周绍峰应戴氏家族的聘请，来到风和村开设塾馆教书。周绍峰极有文采，人品又好，受到当地学子们的敬仰推崇，所以很多家长都把孩子送到他的塾馆去读书。戴炳阳也被父亲送到这里学习，以求在一代名师的指点下学问有更大的进展。戴炳阳年纪虽小却早谙事理，知道家中要靠借债才能供他随周先生读书，且兄弟姐妹中仅他一人有此殊荣，所以他十分珍惜这一难得的学习机会。

周绍峰先生教书非常认真，对学生的要求也十分严格，可谓诲人不倦。他在教育上，不仅仅是向学生们传授知识，而且尤为注重对学生道德、气节方面的教育。周先生的严格要求和严谨学风，使戴炳阳深受教益，学习更加勤奋。他才气过人，读书得法，又极为刻苦，博得了周先生的器重和塾馆里同学们的尊敬。以后几年的时间里，在周先生的不倦教诲下，戴炳阳系统地读了许多书，打下了坚实的古文基础，同时还练就了刚劲有力的书法。周先生对戴炳阳极其欣赏，看到这个高足弟子在文章、书法等方面不时有长进，心中高兴，忍不住常常对人夸赞道："此子禀赋优异，后必有成。"

戴安澜诗作得好，文章也写得好，这些都无疑受益于师从周先生所学得的东西。更重要的是，周先生特别注重把他自己所尊崇的那一套"精忠报国"的思想向学生们灌输，这对于戴炳阳思想观念的形成影响甚大。在师从周先生的这一段时间里，在少年戴炳阳的心中树立了强烈的爱忠鄙奸思想观念，他立志要为国为民作出一番大事业，爱国主义的人生观在他心中就这样逐渐地成熟起来了。

由于家庭经济的拮据，不允许戴炳阳长年在周先生的塾馆读书。另一方面，当时的中国已经广泛引进了近代西式学堂教育，戴炳阳的长辈们见他是个有培养前途的孩子，更希望把他送进城里的学堂深造。但要做到这点，家中还需要一些时日为他积攒学费。于是，戴炳阳就离开了周先生，辍学回家了。戴炳阳在家中呆了一年，农忙时帮助父亲干点田间的农活，闲时读书习字。伯父戴晋仁怕耽误戴炳阳的学业，凑了点学费便把他送进了无为县城区学堂读书。戴炳阳在学堂里仍然极其用功，学习成绩总是名列前茅。可惜家里生活贫寒，筹措学费很不容易。戴炳阳再次为辍学所苦恼，在学堂只读了短短几个月的书，就因为没钱交学费而又回到了家乡风和村。戴炳阳非常理解父母维持一个贫寒之家的生计很不容易，他希望自己也能够为长辈们分忧，于是一边帮着种地，一边做私塾先生，对家庭经济聊有贴补。

追求科学

☆☆☆☆☆

（19 岁）

就在这时，中国爆发了伟大的五四运动，各种新思潮在社会上广泛传播，这给戴炳阳也带来了巨大的影响。他渴望有更好的机会接受新思想、新文化的熏陶。1923 年，18 岁的戴炳阳在征得家人的同意后，沿江而下，来到南京报考安徽公学。经过考试，成绩合格，进入安徽公学高中部读书。

安徽公学是一种颇具特色的私立西式学校。该校的前身是旅湘公学，由李光炯创办于湖南长沙，卢仲农主持教务，赵声、黄兴等都在该校任过教员，并在其间酝酿革命。该校 1904 年由长沙迁到芜湖，改名安徽公学。1914 年因时局动荡不安，学校停办。1923 年夏，在陶行知、姚文采等知名人士的共同努力下，恢复安徽公学，并更名为南京安徽公学。由陶行知、姚文采分别担任校长和副校长。学校设在南京水西门登隆巷前清时期创办的安徽会馆馆址，有高中和初中两部。对于建立南京安徽公学，陶行知先生在他所撰写的《南京安徽公学办学旨趣》一文中写道：

南京前清为两江之都会，和安徽有密切的历史关系，就地理说，又和安徽十分接近。中国兴学以来，南京即为全国教育中心之一。安徽的学者和学生来此传道授业的，素来很多。前清即有上江公学之设，民国成立后，因故停办，实为憾事。五四以后，安徽学潮屡起，学生不能安心学业，投到南京求学的人源源不绝。但南京学校格于种种限制，有志有才的学生不

▽ 南京安徽公学（现为南京第六中学）旧址

免向隅。安徽旅宁同乡会和旅宁同学会，看此情况，深表同情。就联合起来共谋恢复上江公学，遂于十二年秋季开学，改名为南京公学。所以安徽公学的设立，是源于一种不能自已的同情心。因为安徽旅宁前一辈的人，对于后一辈的少年，发生了一种学问上的同情心，才有安徽公学的产生。

△ 陶行知

作为中国一代教育大师，陶行知所倡导的教育理念在当时是颇为先进的。他对南京安徽公学的学生提出：要用科学的精神在事业上去求学问，用美术的精神在事业上去谋改造，用大丈夫的精神在事业上去锻炼应变。陶行知提出的科学精神是要锻炼学生的观察实证和分析事物的正确能力，成为探求真理的动力，他的美术精神是要求学生不要向四周的环境苟安和同流合污，而是要对环境进行改造，支配环境，以与科学发展的文明相适应；他的大丈夫精神是要培养学生富贵不能淫、贫贱不能移、威武不能屈的精神，他强调没有不屈不挠的精神，将何以为国？在这些新思想、新道德、新文化的指导下，对戴炳阳这样一位好学的青年来说，如同久旱逢甘霖。他勤奋地学习，用力地去吸吮着那些新鲜的知识和思想，来滋润着自己的精神世界，满足自己旺盛的求知欲望。

戴炳阳在南京安徽公学高中部仅学习了一年时间。这对于他由接受中国传统文化教育，改为接受近代西式教育，是一个重要的转折阶段。在陶行知的教育下，戴炳阳提高了自己的文化素质和思想水平。此时的青年戴炳阳在人生观上逐渐成熟起来了。他追求科学，崇仰真理，已经成长为一个抱负远大的有志青年。面对军阀混战，连年战乱，人民困苦的社会现实，他忧心忡忡，暗暗立下报国之志，决心以救国救民为己任，在艰苦生活中经受一番磨炼，为社会的进步、国家的繁荣富强作出一份贡献。不久，恰恰出现了一个难得的机会，将这个忧国忧民的有志青年卷入了汹涌澎湃的社会激流之中。

投笔从戎 黄埔之英

（1924—1932）

㊀ 南下广东

☆☆☆☆☆

（20 岁）

戴炳阳有一个五服之外的叔祖父戴昌斌，字端甫，是保定军校第三期毕业生，与张治中、徐庭瑶等安徽籍人士为同期同学。1911 年他追随孙中山先生参加了武昌起义，为推翻帝制、建立民国作过贡献。以后他投奔广州李济深门下，担任粤军第四师团长。戴端甫为人真诚侠义，工作上恪尽职守，深得李济深的赏识和倚重。后来在北伐时期，戴端甫担任过北伐军少将副官处处长兼广州古井兵工厂厂长。

1924 年孙中山先生创立黄埔军校，戴端甫参与了军校的创办。他为了给军校网罗人才，也为了促使家乡子弟走出家门谋求发展，特地给安徽老家写了一封信。戴端甫向乡亲们告知国共两党实行合作，建立了革命统一战线，为了培养军事人才，在广州黄埔创建了陆军军官学校，号召同乡有志青年前去报考。戴端甫在家乡人中颇有声望，他的来信在家乡年轻人中间产生了很大的反响。年方20岁的戴炳阳此时正辍学在家，听到这一消息后，他感慨地说道：

“人生如白驹过隙。二十岁前，是浑浑噩噩的时期，五十岁之后，血气就衰萎。总计人之一生，成功立业，不过二十到五十之间短短的三十年而已，不趁这时候埋头苦干，有所成就，光阴一去便不可挽留。抓住了时机，困难的环境不足惧怕的，正唯困难的环境才能促我们创造出伟大学业。要晓得悻生不生，必死不死之理。”

戴炳阳想起过去叔祖父常常给他讲班超出使西域，平定叛乱，保护西域各族安全和“丝绸之路”畅通的故事，认定现在正是自己大展宏图之时，于是便立即偕同本乡的戴翔天、戴日新、鲁恢亚、王献庭、张保卫、任笑安等八名热血青年，启程南下，奔赴革命中心广州，来到了叔祖父的身边。

1924年3月，黄埔军校举行第一期招生考试。戴炳阳和同乡的青年们一起参加了文化考试，取得了优异的成绩，但在体检时他却因身体瘦弱而未能被军校录取。这对于满怀一腔热情的戴炳阳来说，恰似一个晴天霹雳。叔祖父戴端甫要借助自己的名望保荐戴炳阳进入军校学习，被他拒绝了。他深知，作为一个革命军人，没有强壮的体魄是不行的。同时他又更加深切地感到，到黄埔军校去学习，毕业出来之后，就可以成为指挥士兵作战的军官。但他从来没有军队生活的体验，也没有参加战斗的经历。如果这样从军校出来以后，又如何能带好兵打好仗？经过深思熟虑之后，他对戴端甫说：

“这次能考上陆军军官学校，就是一期的学生，那实在是太好了。现在因为自己体质差，未能录取。对这一点，我一点也不气馁，我已经想好了，要到国民革命军去当一名战士，一方面锻炼自己的体魄；另一方面通过士兵生活，使我对士兵有亲身体会，一年之后，再考陆军军官学校。我想，经过一段时间的锻炼，身体一定会达到学校招收学员的要求。叔祖公，你看怎样？”

戴端甫听了戴炳阳的一席话，很受感动，为侄子能有这样的远大志向而高兴，他欣然支持戴炳阳的这个想法。

就这样，戴炳阳回到了广州市内，到国民革命军招兵处报了名，当上了一名二等兵。

当时，戴炳阳所在部队的驻地在郊外，生活条件相当艰苦。每天早上天不亮就要起床训练，白天还要参加许多军事训练的课程，这对于学生出身的戴炳阳来说，无疑既是体能上的磨炼，同时也是意志上的考验。对于在部队中可能出现的苦和累，戴炳阳在当兵之前都料想到了。他当兵的动机就是为了通过军旅生涯来增强体质，因此就不断地鼓励自己，一定要咬紧牙关克服这些困难。不仅如此，他坚持每天用冷水冲澡，既锻炼了身体，也磨炼了意志。部队经常要外出训练，这时就只能住在村庄的祠堂或野外的破庙里。这些地方经常停放尸棺，晚上就显得阴森凄凉，令人恐惧。在晚上单独站岗的时候，戴炳阳开始也有些害怕，但他想到自己是一名革命军人，以身许国无所私，面对死人又何所惧？他就这样给自己打气壮胆，时间一长，恐惧心理也就慢慢消失了。功夫不负有心人，通过部队艰苦生活的锻炼，不仅使戴炳阳身体变得强壮了，而且意志也更为刚毅坚定。这一段二等兵的经历为他今后步入黄埔军校，乃至再后来指挥部队行军作战，打下了坚实的基础，原来的文弱书生变成了一名铮铮铁汉。

跻身黄埔

☆☆☆☆☆

（21-22岁）

八个月之后，戴炳阳终于渡过体能关，达到了军校的招生标准。当他再次报考军校时，便被顺利地录取了，编入黄埔三期入伍生队。经过国民革命军士兵生活的磨炼，戴炳阳的思想更加成熟了。他有感于国家疮痍满目的景况，决心要为国家的安危而勇敢搏击，挽巨澜于既倒，于是正式改名为“安澜”，自号“海鸥”。

戴安澜是在1924年底进入黄埔军校学习的。走进这所向往已久的军校，戴安澜举目望去，只见校园里到处满挂了醒目的标语：“亲爱精诚，和舟共济”、“精诚团结，卧薪尝胆”、“十年生聚，十年教训”、“枕戈待旦，闻鸡起舞”、“勇往直前，破釜沉舟”、“百折不挠，再接再厉”、“杀身成仁，舍生取义”、“以血洒花，以校作家”……

戴安澜看到这些令人振奋的名言警句，感到周身的热血顿时沸腾起来，仿佛置身于一座充满时代精神与革命豪情的大熔炉里，激动的心情久久难以平静。

黄埔军校即陆军军官学校，因校址设于广州市东郊黄埔长洲岛上而得名。1924年1月，孙中山在苏联顾问和中国共产党的帮助下，学习苏联的建军经验，着手创办了这所培养军事干部的新型军官学校。孙中山任命蒋介石为校长，廖仲恺为国民党军校代表。又任命李济深、邓演达为教练部正、副主任，王柏龄、叶剑英为教授部正、副主任；戴季陶、周恩来为政治部正、副主任（后来周恩来改任政治部主任），何应钦为总教官。此外还有恽代英、萧楚女、聂荣臻、熊雄、张秋人、高语罕等共产党人担任教官及各方面负责工作。孙中山先生宣布黄埔军校的办校宗旨是“创立革命军，以挽救中国危亡”。黄埔军校学习苏俄建军经验，采取军事与政治并举、理论与实际结合的教学方针，为国共两党培养造就了大批军事政治人才和著名将领。黄埔师生在国共合作进行的东征、北伐中，攻必克，战必胜，逐步养成了官兵团结，遵守纪律，不怕

牺牲，英勇作战的“黄埔精神”，这是黄埔军人克敌制胜的法宝。黄埔军校对中国现代历史产生了广泛而又深远的影响。它培养出了数以万计的军政人才，形成了一个现代中国优秀军事人才群体。在北伐战争和抗日战争中，黄埔出身的爱国将领率领广大官兵，与反动军阀和日本侵略者浴血奋战，为国家的进步和民族的解放建立了赫赫战功。

△ 黄埔军校第三期术科学生戴安澜

有幸进入黄埔军校学习，是戴安澜人生发展道路上最重要的转折点。置身于这个培养革命军政干部的摇篮，戴安澜学到了系统的先进的军事知识，又接受了黄埔革命精神的熏陶，他迅速成长为一名既富于爱国思想，又具备优秀指挥才能的一代军事英才。

戴安澜在入伍生队，主要是接受术科的训练。半年入伍期满后，戴安澜于1925年7月升入学生队，成为黄埔军校第三期正式学员，被编在步兵队学习。7月1日，黄埔军校第三期举行开学典礼。这一天，全体三期学员整齐地坐在军校的大花厅里，高唱着黄埔学校的校歌，等待典礼的开始：

莘莘学生，亲爱精诚，三民主义，是我革命先声。

革命英雄，国民先锋，再接再厉，继续先烈成功。

同学同道，乐遵教导，终始生死，毋忘今日本校。

以血洒花，以校作家，卧薪尝胆，努力建设中华。

激昂高亢的歌声一停，军校政治部主任周恩来英姿飒爽地走上了讲台，对同学们发表了下面热情洋溢的演讲：

诸位官长同学:

今天这样盛大典礼，我们知道有一个很大意义。刚才许多官长对我们的训诫，我们大家同学是不能忘记的。但是我们要知道，各地的青年学生来到国民革命中心地黄埔，是有很大意义，就是要记得我们不仅是中国国民党的党员，并且还是一个革命的先锋。刚才诸位官长说，革命党员守纪律，比在任何政党中还要紧要，这是革命最重要的一个原素；假使没有这个要素，一定不能把反革命的陈炯明、假革命的杨希闵、刘震寰打倒，将来更不能把我们的仇人一概打倒。在革命之下，守革命党的纪律，并不是强迫的，是各同志甘心愿意遵守的；每天的军事训练、军事教育是甘心受的。总理曾说：谋人类的自由，就要去掉个人的自由，这一点如果相信不彻底，一定不能革命。各位官长学生，趁些时间，努力研究主义，在党的指挥下守严格纪律，能如此去做，将来一定能够得到很好成绩。我们无论求什么学问，如果只求一点观念，就是任何目的，都不能达到，我们总要在实际上去做，我们这一年多的历史光辉，从诸位的思想行动上，传到全国革命青年身上，我相信，将来中国的革命一定有成功的可能。到了那时候，才能以机关枪、大炮报沙基惨案的仇，因为中国人在现在这个时候还有许多不知道近代的潮流，这完全希望各位作无线电机，将革命的思想传到全中国，使全国的民众革命化。再希望各位不要自高自大，要虚心求学，以达到学业成功，而实行革命。

戴安澜用心地听着周恩来的演讲，字字句句都深深地印在了自己的脑海里。这番充满激情、富有哲理的演讲，在戴安澜年轻的头脑里产生了强烈的共鸣，对他今后的军旅生涯有着非常重要的意义。

在军校学习期间，戴安澜受到孙中山新三民主义的熏陶和第一次国共合作的影响。周恩来、恽代英、高语军等共产党人很重视对学员们的政治思想教育，成为这些青年军人正确思想作风形成过程中的积极因素。戴安澜在黄埔军校里积极努力地学习，以其认真刻苦的学习态度和扎实稳重的学风而得到老师与同学们的尊重与信赖。戴安澜曾经加入过黄埔军校青年军人联合会。青年军人联合会是在中共特别支部领导和支持下，由黄埔军校第一期学员、中共黄埔支部书记蒋先云为代表的进步学生于 1925 年 2 月发起成立的。它实际上是以周恩来为首的军校政治部联系青年军人的桥梁，是共产党对青年军人进行共产主义思想宣传和教育的一种组织形式。通过参加青年军人联合会的活动，戴安澜受到了共产党较为深刻的政治影响和思想熏陶，在思想上逐渐趋于成熟。

黄埔学生军在北伐战争之前，是当时的国民革命军中的一支核心力量，在打击反动军阀势力的斗争中起到了关键性的作用。戴安澜在黄埔军校学习期间，多次随学生军参加战斗。在第一次东征、讨伐广东军阀陈炯明叛乱、平定云南军阀杨希闵和广西军阀刘震寰叛乱等作战中，戴安澜都表现得十分勇敢坚定。在一次战斗中，他不顾战场上弹片横飞，挺身站立在一门迫击炮旁边，勇敢地向敌人射击。身为黄埔一期生的覃异之见此情景，对这位年轻的军人颇为欣赏。战斗结束后，覃异之主动和戴安澜攀谈起来。两人谈得相当投缘，从此便成了亲密的挚友。后来在全面抗战之初，覃异之将军在1937年9月由于对日军作战失利丢掉了阵地，羞赧难当，欲自杀殉国。后自杀未成，却中了很严重的枪伤。戴安澜闻讯当即致电问候。不久戴安澜在日记中对覃将军的自杀之举作出了自己的评价："果有自杀精神，何如战死之为愈，但能自杀者，究尚不

失为好汉也。”既有赞许，又表明了自己不怕挫折失败、坚决奋斗到底的积极态度。

 初涉军旅

☆☆☆☆☆

（22–28 岁）

1926 年 1 月，戴安澜从黄埔军校毕业，被分配到国民革命军总司令部担任排长。这时戴端甫见自己的儿子戴日新和侄孙戴安澜都已当上了革命军的军官，遂给家乡寄去书信，要族人将两位年轻人的未婚妻子送至广州完婚。戴安澜的伯父戴晋仁遵照这一嘱托，偕两位姑娘前来广州。1927 年 1 月 5 日，戴安澜与家乡姑娘王氏幸福地结合了。从此这对恩爱夫妻共同走过了长达 15 年的人生之路。两人婚后的生活和谐而美满。王氏原本没有名字，戴安澜先为夫人取了一个名字叫“荷心”。“荷心”乃荷花之芯，荷花是香美的，但莲子芯是苦的。戴安澜为妻

子起这样的名字，意思是嫁给一个连年征战的军人，要做好吃苦的准备。这位没上过学的乡下女子，在丈夫的帮助下很快学会了看书识字。戴安澜又为妻子改名为“荷馨”，嘉奖她由于刻苦努力而获得进步，苦就变成了甜，宛如盛开的荷花发出了馨香。

1926 年 7 月北伐军由广州出发北上作战。1927 年春，黄埔军校入伍生第二团接受了北伐军移交的东江防守任务，由广州市沙河营地来到东莞县。戴安澜这时奉调来到该团，担任第八连三排排长。他是个难得的爱兵之人，对下属非常关心爱护。担任连值勤排长时，晚上出来查岗、查哨，发现那些年轻的入伍生身穿单衣，在寒风中瑟瑟发抖，他心疼地摸了摸哨兵冰冷的手，转过身走了回去。不过片刻,戴安澜便拿着夜哨兵应当穿的棉衣折返回来，让每一位哨兵都穿上了棉衣。他对负责带班的见习排长说道：“这些入伍生年纪轻，有的奶气尚未脱掉，不知爱惜自己的身体，如果冻坏了，我们当排长的有责任。”一席话说得这些学生兵十分感动，与他在感情上更贴近了。戴安澜很重视对学生兵的思想教育，经常向他们介绍《向导》、《新青年》等进步书刊。他对学生兵们说：“要做革命军人，就要做出一番革命事业，大丈夫要立功于沙场；要做出一番事业，就要有坚强的斗志，否则就不能战胜敌人；青年人唯一的出路是奋斗、奋斗、再奋斗！”戴安澜还常给学生兵讲林则徐销毁鸦片，黄埔岛上英勇抗英；岳母刺字，精忠报国；戚继光辕门斩子等故事。他说：“中国历代出了许多英雄，也有过辉煌的历史，今天之所以沦为半殖民地，并不是外国鬼子怎样能干，而是我们自己太不争气，特别是一些腐败的官僚政客，无识无能，贪生怕死，爱财争禄，才造成这样的后果。”

1928 年 4 月，戴安澜调任国民革命军第一师连长。5 月 1 日随部队攻占济南。5 月 3 日至 10 日，日军第六师团制造了震惊中外的“济南惨案”，屠杀无辜中国军民六千余人。戴安澜参加了对日军的反击作战。日寇的残忍暴行激起了他的无比义愤。这时戴安澜的长子刚刚出生，他给儿子起名叫“覆东”，意为要覆灭东洋。此后，女儿、次子、三子相继降生，戴安澜分别给孩子们起名为“藩篱”、“靖东”、“澄东”，都是要保卫家园、消灭日本侵略者

▽ 戴安澜与妻子儿女合影

的意思。戴安澜与日本强盗结下不共戴天的仇恨，始于“济南惨案”。时过 12 年之后，戴安澜还在日记中写道：“余身历此役，故印象特深，至今不忘。”

1928 年，国民党调集大军，对江西工农红军进行疯狂的“围剿”，戴安澜在师长徐庭瑶的指挥下，参加了对工农红军的作战。

1929 年，戴安澜任中央军校少校区队长。1930 年，他调任国民革命军教导第二师迫击炮连连长，参加了蒋冯阎中原大战的陇海路之役，在兰封附近作战时右臂负伤，因功相继晋升为营长、中校副团长。

1931 年，戴安澜调任第四师补充团团长。1932 年 7 月，蒋介石纠集三十余万人的部队，对鄂豫皖革命根据地发动第四次“围剿”。徐庭瑶率领的第四师被调进安徽参战，戴安澜率领的补充团也由蚌埠经寿县正阳关进入皖西地区，在霍邱、金寨、阜阳等地，参与了“围剿”工农红军的内战。

在 1928 年至 1932 年这四年间，戴安澜身不由己地参加了多次内战。对于这种同室操戈的不义行为，特别是参与对工农红军的作战，他在有生之年曾一直引以为憾。

抗击倭寇 民族之雄

（1933—1940）

浴血古北口

☆☆☆☆☆

（29 岁）

1931 年九·一八事变以后，日本侵占了东北三省的大片土地。以此为跳板，日军又进一步向华北逼近，企图逐步夺取平津等地。1933 年 1 月 3 日，日军侵占山海关。2 月，日军出动大约三个师团的兵力，兵分三路全面进犯热河。在日军的强大攻势下，以东北军为主体的中国军队在极短的时间内全面崩溃。热河省主席、东北军高级将领汤玉麟闻前方败讯，竟用汽车满载他的财产，仓皇退逃滦平。3 月 3 日，日军仅以百余轻骑不发一枪即占领了热河省会承德，随即进逼长城一线，对平津地区构成严重威胁。

面对日军的大举进犯，全国上下抗战呼声四起。正忙于在南方“剿共”的蒋介石迫于日军的步步进逼和国内舆论压力，不得不抽

△ 1933年古北口抗战时任第一四五团团长的戴安澜

调中央军嫡系部队第十七军(1933 年 1 月由原第四师扩编而成，辖第二师、第二十五师、第八十三师) 匆匆北上，开赴长城前线抵抗日军。

此时戴安澜任第二十五师第一四五团团长，其部队正驻在徐州、蚌埠一带，他心中时刻关心着平津的安危，希望能够奔赴华北抗日前线，狠狠地打击一下日军的嚣张气焰。他所期待的日子很快就到来了。2 月下旬，第二十五师接到北上参加长城抗战的命令。出征之前部队举行了誓师大会，第十七军军长徐庭瑶、第二十五师师长关麟征分别训话，痛斥日寇侵略中华大好河山、屠杀我无辜同胞的罪恶行径，激发了全体官兵的洗雪国耻、誓与日本强盗血战到底的战斗决心。2 月 26 日，戴安澜率第一四五团随第二十五师各团一起乘车向北进发。为了迎接即将到来的战斗，他不停地看报纸，听广播，察看军用地图，了解前线战事的发展状况，思考如何打好对日军作战的第一仗。

3月5日，第二十五师到达北平附近的通县集结待命。戴安澜抓紧停留在通县的短短两天时间，组织全团官兵进行了实战训练，为参战作了一些必要的战前准备工作。3月7日，第二十五师奉命向密云进发，傍晚18时到达密云。夜间22时，接到军事委员会北平分会代委员长张学良的命令，称日军已经开始向长城古北口进攻，与驻守在那里的东北军第一一二师张挺枢部接战，令第二十五师立即向东北方向前进，准备进抵古北口一线，增援第一一二师。第二十五师星夜向古北口前进，3月9日上午8时到达石匣镇，略作休息后，下午又继续前进，于10日凌晨4时到达古北口。

当时长城前线中国军队的全面部署是：以第五十九军傅作义部守独石口，中央军第十七军徐庭瑶部及东北军第一一二师守古北口，原西北军旧部编成的第二十九军宋哲元部守喜峰口，晋军第三十二军商震部守冷口，由长城撤下来的东北军整编后调北宁线天津以东及冷口以东担任防御。在长城各口中，古北口控扼承德—北平大道，中日两军对此都极为重视，日军攻占承德后即以主力第八师团迅速扑向古北口方向，而中国方面也将北上应援的中央军主力投入此地。古北口由此成为了长城抗战中战斗最为激烈的战场。

古北口隘口南北狭长，古北口关门修筑在隘口中间。东西有卧虎、蟠龙两山对峙，承德至北平的大道经此隘口沿潮河东岸向南延伸，故这里成为从北方进入华北平原的咽喉要道。古北口东侧蟠龙山一端山势雄伟，古北口关城即位于山脚下。

当第二十五师到达古北口时，拥有优势装备的日军已兵临古北口关下，守卫古北口的东北军被迫全部退入口内。在这种形势下，第二十五师不顾行军疲劳，立即占领古北口南城东西两侧高地，修筑工事，准备迎头痛击来犯之敌。关麟征师长先与东北军王以哲军长、张挺枢师长联络上之后，初步了解了战场的情况，随即召集了本师旅团长紧急会议，对防御作战进行了部署。此时古北口前线中国军队两个师的布防情况为：第一线为第一一二师的三个团和第二十五师的第一四五团，自西向东依次为第六三六团主力、第六三五团、第六三四团（居于其右翼的蟠龙山制高点370高地和将军楼一线）、第一四五团（以其一营防守战线最右翼龙儿峪，与第一一二师最右翼的将军楼防线相呼应）；第二十五师将第一四六团主力置于将军楼方向第二线阵地，第七十五旅置于黄道甸，师直属队部署在古北口关城一带，师部设于古北口关城北门瓮城内的关帝庙。向古北口攻击的开始是日军第八师团第十六旅团主力，随后该师团主力及骑兵第八旅团亦

赶到参战。

在师里开完会后，戴安澜率领各营营长到负责防守的地段上观察了地形。他看到古北口防线的地段事先没有修筑防御工事，山上到处都是坚硬的岩石，临时很难挖掘构筑防御掩体，而且又缺少树木植被，防护遮掩性较差。戴安澜嘱咐各营连官兵在各自的防御地段，要尽量利用山上的自然地形构筑防御工事，作好应敌准备。他与各位营长共同研究了一下，选择了一处地形险要、便于观察敌情的制高点，作为第一四五团的前哨防御阵地。

从3月10日早晨7时起，日军先头部队就开始炮击古北口中国军队的阵地。上午10时以后，日军飞机以一个小时为间隔，每次数架对中国军队在古北口的阵地及后方交通进行轮番轰炸。日军炸弹成串落在山头阵地上，炸得树断岩裂，碎石横飞。中国军队的防御阵地多处被炸坏，人员也有一些伤亡。

下午15时，日军第八师团第十六旅团主力以优势炮火掩护步兵，向古北口中国军队发起进攻，其主攻目标是第一一二师右翼将军楼阵地及第一四五团右翼的龙儿峪阵地。中国军队奋起抗击，以各种武器居高临下向日军步兵射击，阻止敌人的进攻。日军反复冲锋，均被打退，其攻占中国军队右翼阵地的企图未能得逞。

戴安澜在战斗进行中特地赶到龙儿峪一营阵地，与营长霍锦堂共同指挥前沿的战斗。戴安澜一边指挥作战，一边注意用心观察日军的攻击行动。他感觉本团的右翼是日军攻击的重点，立即向师部报告，提出增加右翼防御的兵力，重点加强这里的防守，这一建议被关麟征师长所采纳。战斗一直持续到傍晚18时，日军多次攻击都被中国军队坚决地粉碎了，被迫退回原来的进攻阵地，前沿激烈的战斗暂时停歇下来。

日军第一天进行的只是试探性进攻，带有威力侦察的性质。对于中国防御部队来说，更严峻的考验还在后面。

入夜，中国军队抓紧时间作兵员、弹药补充和部署调整工作，准备迎接明天更加残酷的战斗。戴安澜利用战斗间歇对各营阵地进行巡视，简单总结了白天的战斗情况。他向关师长报告了部队伤亡情况和补给军需的要求，并提出对第二天战斗的预

▽ 古北口第二十五师迫击炮阵地

测——认为像今天一样，日军攻击的重点仍然将是第二十五师右翼，希望师部应着重加强右翼的力量配置。关麟征等遂决定进一步增加龙儿峪方面的防御力量，师右翼延伸至龙儿峪以东高地之线，并调第七十五旅集结于古北口东关相机策应一线的作战。

3月11日拂晓，日军在十余架飞机、百余门大炮和数十辆坦克的掩护下向古北口发起总攻，主攻目标直指第一一二师及第二十五师右翼第一四五团阵地。在敌人狂轰滥炸之下，中国军队阵地上变成了一片火海。战至上午10时，日军强攻得手，第一一二师将军楼以西阵地被突破。该师无力抵抗日军攻击，师长张廷枢擅自下令放弃古北口正面沿长城一线的第一道防线，全师撤出了战斗，古北口关城随即失陷。日军得势之后更加猖狂，乘胜以主力向第二十五师右翼第一四五团的龙儿峪阵地进攻。

在龙儿峪阵地上，第一四五团受敌两翼夹攻，形势十分危急，但仍坚守着阵地，抗击敌人的攻击。敌人的飞机和炮火更加猛烈，第一四五团阵地工事被炸得支离破碎，官兵们伤亡惨重。在作战中，戴安澜发觉一部分日军在侧面出现，意识到敌人有侧翼包抄的企图，他马上命令各营连调整防御力量，加强对侧翼的防范。同时将预备队集结待命，随时准备应付意外情况。戴安澜将阵地上的危急情况及时向师部作了报告。师长关麟征接到告急报告后，要求戴安澜一定要坚守阵地，以便配合师里组织力量夺回被第一一二师丢失的将军楼阵地。

这天11时，日军用炮火切断了龙儿峪与师、旅指挥部的通道和电话线，第一四五团与师、旅的通讯联络中断。

为了夺回将军楼阵地，扭转危急局面，关麟征师长令第七十三旅旅长杜聿明暂时代理指挥权，他本人亲自率领预备队第七十五旅第一四九团向将军楼阵地发起反击。当队伍推进至山腰时遭敌伏击，日军强大的火力将第一四九团压在谷地。关麟征师长果断指挥部队占领两旁高地，运动中一枚手榴弹突然在他身边爆炸，关麟征胳膊被弹片击中五处，身旁卫士十余人全部战死。第一四九团团长王润波听说师长负伤，跑过来组织人包扎，关麟征忍着剧痛下令:“别管我，赶快派人收拾鬼子！”于是王润波从卫兵手中夺过一支冲锋枪，向敌群一阵扫射，打倒了三个日寇。王润波团长身先士卒杀向敌人，不幸被日军扔来的手雷击中，当即壮烈殉国。这时戴安澜带着第一四五团二营跑步冲上来接应第一四九团，与敌人展开肉搏战，击退了敌人，并把关麟征从火线上背了下来。至此，第一四五团与师、旅的联系始获恢复。但师指挥所在战斗中被敌人炸毁，而日军占领制高点后第二十五师夺回将军楼阵地的希望已很渺茫。关麟征只好放弃反击企图，收缩兵力，固守现有阵地。因师长关麟征负伤，决定由杜聿明代理师长一职，由梁恺任第

七十三旅旅长，继续率部与日寇激战。

当晚代理师长杜聿明恢复了师指挥所。鉴于第二十五师参战各部伤亡较大，第一一二师又已撤出战斗，中国军队兵力优势已不复存在，无法组织预备队。于是杜聿明经请示徐庭瑶军长同意后，决定在古北口以南的南天门构筑二线阵地，以便在古北口阵地失陷后阻止日军向纵深推进。

3月12日，第一四五团迎来了最艰难的战斗。日军由于前一天攻击得手，又得到了航空兵、重炮、战车及兵力上的加强，其攻击势头变得更为疯狂。从早上起，日军集中主力攻击第一四五团阵地。敌人使用了数十架飞机猛烈轰炸，又有重炮居高临下集中轰击，同时以大部兵力向第一四五团右翼延伸包围。

敌人飞机的轰炸和炮火高密度的轰击，给第一四五团造成了很大的伤亡，不断有官兵在炸弹的尖啸声和震耳欲聋的爆炸声中倒下，战斗场面异常惨烈。但是第一四五团官兵斗志高昂，宁死不屈，仍然坚持在各自阵地上奋勇抵抗，与敌人进行着殊死搏斗。在敌我力量众寡悬殊的情况下，戴安澜组织全团前赴后继，打退了日军一次又一次的进攻，但战况的发展对第一四五团愈发不利。战至下午15时，情况已经变得极其危险，右翼包围的敌人有增无减，通讯联络再度中断，各营连人员损失甚大，有的一个连队伤亡高达80%，有的连队所有班长都已战死，戴安澜本人也多处受伤。望着山下越集越多的日军，以及本团所剩不多的官兵，戴安澜认为继续坚守下去已显徒劳，他毅然决定，迅速收缩部队，不断转换阵地，在交互掩护之中，将部队逐步后撤至距古北口西南五里的南天门一带。

当晚19时，第二十五师各部队全部转移至南天门新防线，隔潮河与日军对峙。这时第十七军军部已经到达密云，令黄杰的第二师星夜赶赴南天门与第二十五师换防，第一四五团即随第二十五师撤回密云休整。

就在戴安澜率队撤退之时，第一四五团一个前沿阵地哨所因离主力太远没有接到撤退通知，陷入了敌人的重重包围之中。守护哨所的七名士兵望着汹涌而至的日军，下定了必死的决心。他们依托有利地形，使用各种火器向日军猛烈射击，一次又一次地打退了日军的进攻，击毙击伤日军一百多人。最后，恼羞成怒的日军派出数架飞机，集中大量火炮，向七勇士守卫的哨所猛轰。阵地被摧毁，哨所被炸平，七勇士全部牺牲。冲上来的日军怔怔地望着使他们死伤一百多人的七名中国士兵的遗体，这些头脑里被灌输了武士道精神的日本士兵不得不佩服这七位中国军人的英勇顽强。他们默默地把七人合葬在一起，并在坟前面插上了写着“支那七勇士之墓”的木牌，然后率全体官兵向七勇士之墓鞠躬致敬。

古北口之战，中国军队与日军激战三昼夜，毙伤日军两千余人。战后，日军不得不承认这里是“激战中的激战”。第二十五师在此战中也付出了重大的代价，全师官兵伤亡四千余人，其中师长关麟征负伤，团长王润波阵亡，团长戴安澜负伤，营长中受伤六人，连排长死伤四分之三。

攻占古北口之后，日寇又发动了进攻南天门、大小新开岭、石匣、潮河的作战。第十七军各师相继对进犯的日军进行了顽强抵抗，双方均遭受很大损失。5月15日，第十七军奉调撤出战斗，日军占领密云县城，古北口战役至此结束。整个古北口战役，历时七十天，共毙伤日军五千余人；中国军队伤亡八千余人。中国军队在长城抗战中，同仇敌忾，英勇奋战，以鲜血和生命谱写了一曲感人至深的民族壮歌。

戴安澜在古北口长城抗战中，指挥若定，英勇善战，光荣负伤。战后国民政府为表彰他所立下的战功，颁发给他五等云麾勋章一枚。当时北平报纸对戴安澜的事迹进行了重点报道，使他一时间成为众多热血青年羡慕和崇拜的对象。

鏖兵平汉路

☆☆☆☆☆

（33岁）

1937年7月7日卢沟桥事变爆发，举国上下，同仇敌忾，在国共两党团结合作的形势下掀起了全面抗日热潮。

这时戴安澜所在部队正驻在陕西礼泉。7月14日，抗日动员令下达，部队到兴平集中。在部队的誓师大会上，仍任第一四五团团长的戴安澜带领全团官兵高呼：

“愿以我们的智慧和生命来保护我们的祖国：以铁血来保卫我们的国土，把以往我们所受的损失和耻辱，与敌人作一次总的清算！”

7月27日，部队接到命令将于一二日内开赴前线。全团官兵热情高涨，都在焦急地等待着早日奔赴抗战前线，杀敌报国，收复失地。就在同一天里，传来了前方部队已经收复丰台、廊坊、通县的消息，闻听此讯全体官兵情绪更为兴奋激昂。但到了第二天，在全团准备登车向前线进发的时候，又传来了丰台等地被日军重新夺回的坏消息，官兵们的情绪随即变得非常愤怒和失望。戴安澜感觉部队在出发之前，必须做好稳定官兵情绪的工作。于是他立即召集全团官兵训话。他对官兵们说："只要是一个有远见的人，都知道一时的成败是无关大局的，战争是要看最后的胜利，军事上一时受挫，是不能决定战争结局的。"

他又说："日本其实是一个外强中干的岛国，在目前这场战争中，我国是处于治人而主动的地位，日本是处于治于人而被动的地位，敌人在战略上说，是处于劣势，这次卢沟桥事变，国内各阶级团结抗战，群情激昂是历史上所没有的，而日本出征的士兵无不厌战悲观，这是胜败的关键。我国民族蕴藏的力量非常雄厚，现在统一对付日本侵略者，有了发挥的机会。它一定会燃起极大的火焰，给予侵略者以痛击，而完成其伟大革命使命。胜利的荣冠，一定属于我们。"

经过戴安澜一番透彻分析，全团官兵精神上重又振作起来，在满怀必胜信念的激情中，他们乘上了开赴华北抗日前线的军用列车。

军用列车沿着陇海路由西向东不停地向前行驶，戴安澜的心情也随着前方军事形势的变化而时有变化。不时有中国军队的高级将领在日军进攻面前不战而逃或投敌变节的消息传来，这使戴安澜心里十分气愤。他认为，对于这些无耻的懦夫，必须严加惩处，以儆效尤，否则就无法使部队的士气振作起来。就平津的局势，他认为应当趁日军部署尚未完全就绪，尽快集中力量组织反攻，这样还是能够夺回平津的。

军车到了徐州，又沿着津浦路转向北面行驶。8月1日，第一四五团在河北沧州南面的砖河下车。到了砖河，戴安澜和全团官兵都以为就要奔赴抗战第一线与日军开战了，可是却迟迟没有接到让他们上战场的命令。在接下来的十几天时间里，为了迎接即将到来的战斗，戴安澜抓紧让部队进行战术训练。他在训练中向官兵们提出两个要求：一是要学会有效地利用地形地物来保护自己，减少伤亡；

◁ 这是戴安澜在全面抗战爆发不久，为了表示自己报效祖国的决心制作的“铁汉”印章。

二是要提高射击技术，遵循“看不见不打”、“瞄不准不打”、“打不死不打”的“三不打”方针。他还针对日军惯用的“中央突破”战术，研究出“隐蔽起伏战术”和敢死队潜入袭击战术，分别对付日军的步兵和炮兵，以期在与日军对阵时克敌制胜。

1937年8月18日，戴安澜被提升为第七十三旅旅长。不久奉命移驻河北满城西郊。9月中旬，日本华北方面军完成集结，开始南犯，以第一军攻击保定。戴安澜率领所部参加了保卫保定的作战。第七十三旅的任务是防守大栅河南岸。日军在优势炮火的掩护下，企图强行渡过大栅河。但渡河的日军遭到第七十三旅的猛烈抵抗，被逼到河岸边。日军凭借空军、炮兵及步兵武器的优势，不断向第七十三旅阵地疯狂进攻，阵地几次被敌人突破，又被戴安澜组织坚决的反击夺取回来。后来日军从第七十三旅右翼友军的阵地突破，对第七十三旅形成包围的态势。戴安澜原打算在本旅阵地顽强坚守，等待增援部队到来后反击敌人。他命令各团收缩阵地，使力量集中，互相呼应支援，力求挫败敌人的攻击。就这样第七十三旅在原阵地上与日军英勇拼搏，给予进攻之敌以有力打击。又经过一个多小时的激战，攻防双方均有较大伤亡。师部见日军攻势愈发凶猛，沿河阵地恢复无望，遂命令第七十三旅放弃阵地后撤。于是第七十三旅随第二十五师撤至保定东南一带集结，两昼夜的激烈战斗乃告结束。9月24日，保定被日军攻占。

保定战役是在敌我力量相差悬殊的情况下进行的。日军进攻保定投入了大量的兵力，仅用于正面攻击的部队就有三个师团，并配属了一百四十余辆坦克、装甲车，二百六十余门火炮，六十余架轻、重轰炸机。中国军队为了抵御侵略，对日军进行了顽强的抵抗，同时也作出了巨大的牺牲。中国军队参战部队伤亡约两万余人，其中第二十六路军和第五十二军的第二师、第二十五师伤亡尤为严重。在南撤时，第二师和第二十五师战斗兵员所剩都不满三千人。据当时《大公报》的报道："(保定)抗战之激烈，牺牲之悲壮，在平汉线为最甚。"

9月27日，第七十三旅到达河北晋县集结休整。10月初奉令经内丘、彰德撤至卫辉。中国军队因无力阻挡日军的进攻，竟在9日之内连续撤退千余里。戴安澜身为军人不能以战斗保卫国家的领土，眼睁睁地看着大好河山沦于敌手，心中极为悲愤，欲哭无泪！

日军占领保定后，10月1日从保定附近出发继续南侵。10月8日攻陷正定、灵寿后，强渡滹沱河，10月10日又攻陷石家庄，13日占领漳河以北的邯郸、磁县。10月18日，日军第十四师团及第六、第十六师团各一部抵达漳树北岸。为阻止日军沿平汉线继续南侵，中国军队决定在冀南豫北的漳河与日军进行会战。戴安澜的第七十三旅接到会战命令后，一日内急行军120里，赶到观台镇参加漳河战役。

10月19日，日军一个旅团协同机械化部队向戴安澜所率的第七十三旅进攻。日军除用密集炮火猛轰漳河第七十三旅阵地以外，并派骑兵向西绕袭六河沟。戴安澜指挥所属各团与敌人激战，终因伤亡过大奉命撤退。

10月20日，第五十二军关麟征军长发现一支日军部队正欲向我军阵地袭击，乃命令由第七十三旅派出一营部队出击迎敌。戴安澜认为敌情严重，让第一四五团团长韩梅村再多带一个营兵力，附山炮一连共同出击。战斗打响，戴安澜登上山头观察敌情。他发现日军火力甚猛，第一四五团出击部队战斗失利，并招致日军猛烈反攻。戴安澜决定将第一四六团预备队归第一四五团指挥，加强对敌人的攻击。双方战斗异常激烈，一时间形成相持不下的对峙局面，战斗一直持续到当天夜晚。

10月21日晨4时，戴安澜又指挥部队展开攻击。开始战斗进展较为顺利，给敌人造成大量杀伤，但很快日军加强了防御。7时许两翼部队攻击受挫，被迫向后撤退，据守中央阵地的第一四五团遭到日军围攻，损失很大。戴安澜想组织部队援助第一四五团，但手上已经没有预备队了，只得组织正在后撤部队的官兵折返回来继续作战。这时师长张耀明也赶来督战，并对全师部署作了局部调整。激战至11时，阵地才得以恢复，阵脚稳定下来。这时增援部队赶到，从右翼向敌人发动攻击。日军也不断反扑，并使用大炮猛烈轰击。在日军猛烈反击之下，位于阵地两翼的部队两位团长一死一伤，指挥系统已呈混乱。中央阵地第一四五团也因伤亡惨重，无力出击。中午 12 时，友军增援部队攻击失利而向后溃退，第七十三旅第一四五团遭受敌军更大压力，全团官兵顽强抵抗，敌人尚未能前进一步。战斗至黄昏，戴安澜带领剩余的部队向敌人发起攻击，以期将丢失的阵地夺回，但由于部队伤亡过大，战斗力大大减弱，攻击未能奏效。在第一线部队损失过大的情况下，张耀明师长在下山之前作出决定，第二天将第七十三旅换下来进行休整，由其他部队接防。午夜时分，戴安澜就接到命令，将第七十三旅撤出阵地，转移至南面十里处的下蔡村休整。

1937 年秋冬之际，日本侵略者更加疯狂地对中国华北、华东地区进行侵略，各地城市接连沦陷敌手。戴安澜忧心忡忡，暗下决心：如果目前的军事形势不能改变，就打算留在黄河北岸开展游击活动，与日寇周旋到底。为了不让亲属家人受到牵累，他改叫“戈挥日”的名字。“戈”是“戴”字的偏旁，“挥日”表示要把抵抗日军的作战坚持下去，直至最终将这些强盗驱逐出中国的土地。

激战台儿庄

☆☆☆☆☆

（34岁）

1937年12月13日日军侵占南京以后，更加疯狂地加紧了对中国领土的侵略步伐，其华北方面军和华中方面军分别从北面和南面沿津浦线推进。山东省主席、第三集团军司令韩复榘不战而退，津浦路北段大门洞开。1938年1月下旬，日军矶谷第十师团继占领济南之后，又接连占领了泰安、兖州等地，并向邹县进犯。同时，从青岛登陆的日军板垣第五师团，沿胶济线西进，进逼临沂。日军这两个师团企图先在台儿庄会师，尔后与津浦路南段的日军相互策应，一举拿下徐州，并打通南北战场。为了阻止日军的进攻，确保南北战场作战联系之中枢，国民党最高统帅部从1938年初开始向第五战区（负责鲁南、苏北战事）增调部队，准备迎击日军的进攻。到 1938 年 3 月至 4 月间，爆发了震惊中外的台儿庄战役。

台儿庄战役是在国民党当局实施持久消耗战略后进行的一次相当成功的战役。第五战区司令长官李宗仁在制定战役计划时，采纳了中共方面的重要建议：在津浦线南段应采取以运动战为主、游击战为辅，使日军不敢贸然北上支援南下的日军；在徐州以北应采取阵地战与运动战相结合的方针，利用日军骄横狂妄、贪功求胜的心理，在台儿庄附近集结重兵，诱敌深入，围而歼之。此役中国军队的参战兵力（含津浦线南段阻止作战）有第二、第三、第十一、第二十一、第二十二、第二十四集团军，第三、第二十军团，第五十九、第五十一、第八十九军，共 27 个步兵师，30 余万人。李宗仁的战役计划是：以部分兵力在台儿庄以南的滕县、临沂、枣庄等地阻击迟滞日军进攻，消耗分散日军的力量；尔后以孙连仲第二集团军的三个师在台儿庄固守；以汤恩伯第二十军团三个军在台儿庄侧后峄县双东地区隐蔽设伏，待机对进犯台儿庄之日寇实施攻击。

3 月中旬，日军由济南方面沿津浦路大举南犯，引发了台儿庄战役的两个序幕战：

一是滕县保卫战。3 月 14 日起，日军矶谷第十师团和第一〇六师团的一个旅团共三万多人开始进攻滕县城。17 日下午，日军从南面和东面分别打开缺口，冲进城内。第一二二师师长王铭章战死，城内守军仍各自为战。至 18 日上午滕县失陷。滕县保卫战歼敌两千余人，守军两个师除少部分人突围外大部阵亡。

二是临沂保卫战。3月3日，日军板垣第五师团攻占临沂外围据点汤头。12日下午，第三十三集团军总司令张自忠率第五十九军增援临沂。14日晨4时，第五十九军在日军后面发起攻击，庞炳勋趁机率临沂守城部队第三军团从城内进行反攻。激战至3月18日上午，腹背受敌的日军被歼两千余人，全线溃败，退回莒县。

滕县保卫战延缓了日军南进的速度，使增援部队汤恩伯第二十军团、孙连仲第二集团军等部及时赶到台儿庄前线参战。临沂保卫战击溃了板垣师团，粉碎了日军第五、第十师团会攻台儿庄的计划，使一味冒进的第十师团陷于孤立境地。

矶谷在侵占滕县后，纠集日军四万人，循津浦路继续南下，经临城、枣庄直扑台儿庄。第二十军团对敌稍作抵抗后，即按照原定部署退入抱犊崮东南山区，隐蔽兵力于敌后待机。

3月24日上午11时，日军向台儿庄发起攻击。28日，西北角城墙被敌以重炮轰毁大段，大批敌军涌入城内。此后数日城内巷战甚烈，城区曾有三分之二陷于敌手，守军虽伤亡甚重但仍坚持战斗，在巷战中予敌以沉重打击。乘台儿庄城内双方反复争夺之际，中国军队在外围对日军已经形成了包围态势。4月6日，第二十军团自北面对日军第十师团侧背展开攻击，另一部中国军队自西面对敌侧击，台儿庄内守军也趁机发起反攻。日军支撑不住，被歼大部，余部狼狈逃往峄县。

台儿庄战役爆发之际，戴安澜仍任第七十三旅旅长，属汤恩

△ 中国军队在台儿庄战役中追击残敌

伯第二十军团。该军团辖五十二、八十五、十三军共三个军五个师，七万二千余人，武器装备好，官兵素质高，属中央军精锐部队。该军团于 1937 年 10 月在河南新乡组建，1938 年 2 月驻河南归德一带，3 月 14 日奉军委会命令赶赴鲁南作战。第五十二军由驻地亳州向归德集结，于 3 月 17 日凌晨登车开赴临城。随后该军主力在经过沙沟、利国驿战斗，由军长关麟征率领开赴运河南岸布防。22 日晚，分两路纵队向枣庄以东进发。第二十五师为左纵队，经辛兴庄向郭里集前进。第二十军团是台儿庄国民党军参战各部中战斗力最强的部队，第五战区给该军团的基本任务是“侧击南犯之敌”。但汤恩伯有避战自保的思想，不愿打硬仗。他没有“南下拊敌之背”，反而命令部队去攻打对战局影响不大的枣庄。

3 月 22 日晚，第二十五师的第七十三旅和第七十五旅分别进驻辛兴庄和郭里集。次日晨，驻在郭里集的第七十五旅与前日夜里住进村边的一小股日军发生遭遇战。军部闻知后调来火炮轰垮了日军防守的炮楼，于下午16时将该敌歼灭。正当郭里集战斗进行之际，约有二三百名日军由枣庄向郭里集一带增援。戴安澜遂指挥本旅部队对该敌进行阻击。经过一番激战，增援的日军无法前进，被迫退回了枣庄。第五十二军于26日起连续攻击枣庄两日，后因守敌得到增援而未能拿下该城。3月27日，在李宗仁的严令之下，汤恩伯才不得已率军南下，对台枣支线敌之侧背展开攻击。

当时第五十二军的部署是：第二师在右，向北洛、北大窑攻击；第二十五师（主要是第七十三旅，第七十五旅为军预备队）在左，向红瓦屋屯攻击，意图是要将攻击台儿庄之敌压迫于台枣支线以西而消灭之。28日下午,第二十五师击退防守红瓦屋屯的日军，占领了该地。第二师于30日下午攻占北大窑，并会同第七十三旅向北洛展开攻击。

日军为解台儿庄之围，由板垣师团派出一支三千人的步、骑、炮联合部队由临沂方面开来，向兰陵大道南进，威胁第五十二军侧背。第五十二军军长关麟征急令一个步兵营和军直属骑兵连向兰陵镇方向迎击日军，随即又将第七十五旅和第七十三旅先后投入战斗。这支日军被逼退至兰陵镇以北，趁夜暗绕过兰陵镇西北窜至台儿庄附近，与矶谷师团会合。其掩护部队约二百人被第七十三旅包围在兰陵镇西北的傅庄。该旅第一四五团及炮兵一连在戴安澜旅长的指挥下，经过一昼夜的战斗，将这股敌人大部歼灭。

4月1日，第五十二军、第八十五军向台儿庄东北面至台枣支线南、北洛的日军发动全面攻击。战斗至下午1时，占领南洛和北洛，截断了台儿庄以北台枣支线，对进犯台儿庄日军侧背猛烈攻击，形成了对日军的包围之势。4月1日至5日，第二十军团在台儿庄外围的刘庄、小锅里、岔河、孙楼、底阁等地与日军板本支队、濑谷支队激战，收复底阁，并歼灭了爱曲至兰陵之间的日军。

4月6日，李宗仁指挥中国军队发起全线总攻。进犯台儿庄的日军在中国军队内外夹击之下，大部被歼灭，残部逃往峄县。

作为第五十二军的主力之一，戴安澜率部第七十三旅在台儿庄外围艰苦作战，为完成第二十军团部队的集结和展开攻击创造了重要的条件。

台儿庄战役后期，戴安澜在中艾山之战中奉命坚守阵地，指挥第七十三旅与敌激烈血战四个昼夜，连续击退敌人的数十次猛攻，更使日寇丧胆。

日军濑谷支队逃离台儿庄之后，第五十二军等部追击该敌至峄县。4月9日，中国军队从东、南两个方向对逃窜之中的日军发起攻击。戴安澜所在的第二十五师经过数日激战，占领了九山以北数座村庄，对日军造成很大威胁。日军多次对第二十五师进行反扑，企图夺回这些村庄，摆脱不利处境，均被二十五师各部英勇击退。10日夜，第二十军团与第二集团军向峄县之敌发起总攻。第二师于11日凌晨攻占九山，准备攻击峄县。

由于郭里集之坂本支队和青岛方向的援军已经陆续赶至峄县地区，中国军队乃奉命于15日停止攻击，撤离峄县。津浦路北段的日军得到增援后力量加强，转而向中国军队进行疯狂反扑。15日当天，日军集中全力攻击第二十五师的右翼，一度突破了第七十三旅第一四五团一营阵地，并立即从右面对第二十五师实施反包围。在危急时刻，戴安澜迅速赶至第一四五团阵地，亲自指挥部队反击。经过两小时的激烈战斗，终于击退了敌人，使师右翼阵地稳定下来。面对日军不断增强的攻势，第二十五师处境不利，奉命转移到九山以东，与日军形成对峙状态。17日，第五十二军又奉命向邳县以北的艾山、连防山、燕子河一线转移。由于第七十五旅第一五〇团的麻痹，其守卫的连防山阵地被日军攻克。经过多次反击未能夺回阵地，这样第五十二军的全军阵地全部都暴露在日军面前，防守半步店子、虎皮山、艾山等地的第七十三旅成为日军将要攻击的重点。为防御日军的进攻，第七十三旅连夜赶修工事。因山上尽是石头，没有足够的土源建造掩蔽部，戴安澜就和大家一起从山下运到山上去。经过两天两夜的努力，山上的防务大大加强。

4月18日，日军在强大的空中和地面炮火的掩护下，向第七十三旅虎皮山阵地发起猛攻。经过与日军的多次交手，戴安澜已经摸索到有效的对付日军攻击的一套作战方法。当日军步兵进攻之前，使用飞机和火炮狂轰滥炸的时候，戴安澜让大部分战斗员躲入掩蔽部，只留少数人员在阵地上监视敌人。当日军步兵进入100米有效射击范围时，才让大家从掩蔽部出来，以各种火器同时向敌人猛烈射击，各种火器的弹道距离地面在一米以内，形成了绵密的交叉火网，使进攻中的日军士兵难以躲避火力的射杀；同时又派出小部队从两翼展开侧击，形成对敌人的三面打击，予敌以重大杀伤，从而粉碎其进攻。为了保证部队有持续防御打击的力量，戴安澜又采取了轮番作战的方法，以营为单位24小时轮换一次，这样部队就可以长久地保持充足的兵员和饱满的士气，不断地给予进攻的敌人以沉重的打击。运用这些战法，日军一次又一次的进攻都被打退了，第七十三旅牢牢地守住了虎皮山的阵地。

日军见虎皮山阵地一时难以攻下，便又变换花样，以主力攻击艾山，企图从侧背切断第二十五师艾山与虎皮山两处阵地之间的联系，尔后再伺机从

薄弱处突破中国军队的防线。4月19日，日军在飞机掩护下向艾山发起了更加凶猛的攻势，使第七十三旅阵地的正面与侧面同时受敌。戴安澜马上向师长张耀明报告了这一战况。张耀明立即派出第七十五旅的第一四九团由侧面向进犯的日军猛击。遭受两面夹击的日军猝不及防，伤亡惨重，败退下去，其对艾山的攻击又告失败。

这天入夜之后，日军仍然没有停止攻击。敌人急于突出重围，决定不惜一切代价发动全面攻击，使第七十三旅防守的虎皮山、艾山和半步店子诸阵地同时遭受到猛烈的攻击。戴安澜指挥各营沉着应战，并及时向师部报告敌人攻击的情况。在日军猛攻之下，前沿相继发生了险情，日军很快占领了虎皮山和艾山斜面，并攻入半步店子，村里的守军与敌人展开了猛烈的巷战。在危急之际，戴安澜亲自率领预备队用手榴弹及密集的火力将攻上来的日军挡住，同时向师部请求炮火支援。

师部迅速集中大口径迫击炮和山炮向前沿发射，由近及远形成绵密火网，给予正在山坡上运动的日军部队以大量杀伤。炮火过后，第七十三旅的防御部队一方面组织正面出击，另一方面派出小部队从两翼突然袭击敌人。经过几个小时的激烈混战，又把日军的攻击压了下去。

经过连日攻击，日军伤亡惨重。4月20日白天，日军不得不暂时停止了地面进攻，只是派出飞机对第七十三旅阵地进行轰炸扫射，同时还使用炮火轰击中国军队的阵地，双方重新形成对峙局面。为防止敌人夜间袭击，戴安澜在黄昏后派出工兵在阵地前沿布下地雷阵，并加强了侧面的防御火力。天黑后，日军果然又发起进攻了。结果敌人刚接近阵地前沿，就引爆了预先埋设的地雷，被炸得鬼哭狼嚎，防御部队又用各种火器扫射过去，日军留下了一片死尸，活着的纷纷败退了下去。第七十三旅趁机主动出击，恢复了以前完整的阵地。

日军连续作战四个昼夜，屡次进攻受挫，战斗力消耗很大，已经难以发起较大规模的攻击。在接下来的几天，其攻势渐渐变弱，白天不再出动步兵，只是进行飞机轰炸和火炮射击，晚上出动小股部队袭击，也都被第七十三旅所击退。敌人看在这里占不到什么便宜，遂放弃了对第七十三旅防御阵地的攻击，将目标转移到附近的大小刘庄。日军先是集中兵力攻下了小刘庄。防守大小刘庄的中国军队多次反击均未奏效，关麟征军长决定改让第七十三旅担任夺回小刘庄的任务。戴安澜不负使命，顺利地完成了关麟征军长交给的任务，很快率部冲进村子歼灭了敌人。于是，第五十二军的阵地重新恢复完整，日军突围的企图就这样再度破产了。

整个台儿庄战役，中国军队击败日军两个精锐师团，歼敌一万余人。这是抗战以来中国军队在正面战场取得的重大胜利，打破了日军不可战胜的神话，粉碎了日本“三个月灭亡中国”的计划，提高了前方将士的斗志，振奋了全民族的抗战精神，坚定了全国人民抗战胜利的信念。

参加台儿庄战役，是戴安澜军事生涯的一个重要发展阶段。作为一名优秀的部队指挥官，戴安澜既有积极主动，英勇无畏，不怕牺牲，敢于冒险的一面；又有心细如发，长于计谋，以智胜敌的一面，堪称是一员智勇双全的良将。

第二十军团对于台儿庄战役最后反攻的胜利起到了关键性的作用，战后该军团的将领普遍获得嘉奖，职务也都得到了擢升。戴安澜获得了国民政府颁授的华胄荣誉奖章一枚，并于 1938 年 5 月被擢升为第八十九师副师长，兼任第三十一集团军总部干训班教育长。

戴安澜离开第七十三旅要去第八十九师就职，对七十三旅官兵不免有些难舍难分。他给全旅官兵写了一封告别信，其中引用了太平天国翼王石达开的一句名言与官兵共勉：

忍令上国衣冠沦于夷狄，相率中原豪杰还我河山。

意思是说：虽然我们就要分开了，但是为了民族的独立，大家仍然要共同英勇战斗，坚决抗击敌寇，将日本侵略者最终驱逐出中国领土。

武汉御强寇

☆☆☆☆☆

（34岁）

日军于1938年5月19日占领徐州之后，就把攻占武汉、广州作为下一步侵华的主要战略目标。1938年6月，日本组建了华中派遣军，集中十二个师团，五百余架飞机，一百二十余艘舰艇，约三十五万的兵力，投入夺取武汉的作战。由于武汉当时是国民政府军事委员会的所在地，是指挥全国抗日的政治、军事中心，日本认为占领武汉将是对中国政府的致命一击，可加快结束其对华战争。因此，调动了大量的兵力，沿长江南北两岸溯流西进，分五路向武汉大举进犯。

这时，武汉的形势十分严峻。蒋介石决心与日军决战一场，中共方面也支持国民党在武汉举行会战。中共中央代表、国民政府军事委

△ 武汉会战中严阵以待的中国守军

员会政治部副主任周恩来在《新华日报》上发表文章指出：要动员、组织、武装民众，实行内外线结合的作战方针；保卫武汉的目的，主要在于给敌人以极大损伤，在万一不利的情况下，应转移作战地区，与日寇持久作战。这个战略思想得到国民党最高统帅部的赞同。

为了保卫武汉，国民政府军事委员会决定以第五、第九两个战区十四个集团军共一百二十九个师，以及二百多架飞机、四十多艘舰艇，约一百余万兵力投入会战。以李宗仁为司令长官的第五战区，防守长江以北地区；以陈诚为司令长官的第九战区，防守长江以南地区；以武汉卫戍部队和江防守备部队固守武汉核心地区和外围沿江要地。会战的指导方针是："守武汉而不战于武汉。"利用大别山、鄱阳湖和长江两岸的有利地形进行逐次防御，对进攻的日军实行消耗打击。

进攻长江以南的日军集中兵力，屡屡攻破第九战区的防线，于1938年6月中旬占领安庆，7月下旬占领九江。沿长江向西进攻武汉的一路日军，于7月23日开始攻击，越过鄱阳湖，在九江东南二十余公里的姑塘登陆，向九江进犯。7月25日，日军向九江市区攻击。当天晚上，第九集团军放弃九江，全线后撤。次日，九江被日军攻占，中国军队第一防御地带被打开了一个缺口。8月上旬，日军第九师团又从九江乘船西进，由海、空军配合，在瑞昌县东北之港口登陆。

为了抗击日军的进攻，戴安澜所在第八十九师奉命南下，参加武汉会战的外围作战，其任务是要竭尽全力抗击日军，阻止或延续其向武汉前进的速度。日本第九师团在日本陆军中以强悍著称，他们在海、空军的配合下，采取沿江跳跃式的战术推进，以避免沿陆路前进要进入山岳地带与中国军队作战的不利情况。由于其前期进展相对顺利，因此这部分日寇气焰十分嚣张，骄锋甚盛。在这样不利的军事态势下，1938年8月，戴安澜所在的第八十九师赶赴战场，和友军一起对日军展开顽强阻击，迟滞日军第九师团沿瑞阳公路向西面推进。

第八十九师赶到瑞昌前线后，扬长避短，利用敌人的弱点，把日军引向山区，使敌人的海军无用武之地，并充分利用山区有利的隐蔽条件，对付日军空军和炮兵的袭击，阻滞敌人于瑞昌至阳新一带。经过周密部署后，戴安澜亲临前线指挥，努力发挥自身的优势，与敌人浴血奋战。虽然日军第九师团有着很强的攻击力，然而在瑞昌至阳新之间的地带，它每前进一步都遭到第八十九师等部坚韧有力的抵抗，损失惨重，进展困难。在开始的一个月中，平均每日仅前进两三公里。日军为打破中国军队的阻力，避免遭受重大损失，在战斗中曾多次违反国际法规定，悍然使用毒气，增加了中国军队的伤亡。从九江推进到武县近郊的过程中，第九师团因损失过大，曾先后补充兵员达九次之多。

武汉会战中，中国军队虽然给予进犯的日军以沉重打击，但最终未能阻挡住其对武汉的推进。7月至10月间，日军先后攻占了武汉外围的湖口、九江、潢川、信阳、应城、孝感、阳新、大冶、鄂城等地。10月24日，日军已经进至武汉周边地区，最近的距武昌仅30公里。同日，入侵华南的日军第二十一军攻占了广州。为了保存继续抗战的实力，国民政府军事委员会下令放弃武汉，10月25日夜，武汉城内守军全部撤离市区。两天后，武汉三镇被日军占领。

武汉会战是中国抗战以来规模最大的一次会战，共历时四个半月，歼灭日军十万余人，中国军队也付出了伤亡二十五万余人的惨重代价。

戴安澜副师长因在保卫武汉会战的外围战斗中，率部阻击日军西进，予敌重创，战功卓著。同年12月21日，汤恩伯第三十一集团军为他补记大功一次。鉴于戴安澜有较强的军事指挥能力，且在对日作战中英勇顽强，屡立战功，杜聿明决定把他调到自己的身边加以提拔重用。1939 年 1 月，戴安澜升任第五军第二〇〇师师长。第二〇〇师是国民党军历史上第一个机械化师。原来它只是一个战车营，创建于 1936 年。1937 年 7 月全面抗战开始以后，扩充并改名为装甲兵团，杜聿明以第二十五师师长职改任装甲兵团团长。1938 年再度扩充为机械化师，番号为第二〇〇师，杜聿明任师长，不久在该师基础上组建了新编第十一军。1939 年 1 月，新编第十一军番号改为第五军，下辖第二〇〇师、新编第二十二师和荣誉第一师，杜聿明任军长，戴安澜接替杜聿明继任第二〇〇师师长。第二〇〇师是第五军的基本部队，装备精良，官兵训练有素，被视为国民党中央军“第一王牌”。蒋介石能够同意把这一要职交给戴安澜，可见他对这位黄埔三期学生也是非常信任的。

1 月 5 日，戴安澜在湖南湘潭就任第二〇〇师师长职务。在就职典礼上，军长杜聿明监誓，他说：“戴师长是军校第三期学生，历任排长、连长、营长、团长等职。在古北口、台儿庄、武汉等会战中屡建战功……二〇〇师由他接任师长，必将更加兴旺……”戴安澜担任师长，内心十分高兴，因为他清楚地看到上级对他的信任和器重，同时顿感责任至关重大。他在宣誓就职时表示：要“尽竭全力，练成劲旅，为国驰驱，歼彼倭寇”。

升任第二〇〇师师长，是戴安澜军旅生涯中的重大事件。他回顾自己从军十几年来所经历的一切，感慨万端，遂提笔撰写了《自讼》一文，“以作时时警惕自己之用”，“一方面是为检讨过去的缺点，一方面是确定今后生活的正当途径”，鞭策自己“遵照正确的路线向前迈进”。他为自己提出了四条准则：毁誉不闻，宠辱不惊，安危不动，得失不患。

随着职务的提高，责任的加重，戴安澜倍感知识的重要，因而更加自觉地读书学习。他常说：“做人长官，而知识不如人，则危险实甚。”在担任第二〇〇师师长后，他所在部队曾有一年多时间驻扎在后方，没有参加前方作战。戴安澜非常珍

◁ 1939年戴安澜摄于全州第二〇〇师师部

惜这一难得的自我充实和提高的机会，抓紧空闲时间学习科学文化知识。有一段时间里，他同长子覆东同室居住，每人一盏油灯，同室学习。深夜，覆东常常一觉醒来，仍见他伏案灯下，或演算数学习题，或轻声朗读英语，孜孜不倦地探求新的知识。汽车是机械化部队的重要装备，因此，他除了大量阅读政治、哲学、军事等书籍以外，还悉心学习汽车的原理和技术，很快掌握了汽车机械、电路、油路、润滑系统、冷却系统、传动系统和制动系统等知识和技术，取得了指挥机械化部队的主动权。

戴安澜还特别注重总结部队军事教育方面的经验教训，曾撰写《磨砺集》一书，详述班、排、连的攻防和射击教练方法，作为训练部队的教材。书中“在学科方面，对军事学作一系统之叙述，以期各级官长对军事学术，有一系统之讲求；在术科方面，则对战斗、射击、警戒、夜间教育等提一具体实施之办法，以为教练士兵之准绳”。他表示“愿率军一师，练强悍之军队，日寇又何足道哉”。爱国主义教育是戴安澜对全师官兵教育的重点，他不断用历史上爱国名将岳飞、辛弃疾、戚继光等民族英雄的事迹激励官兵，奋勇杀敌，不做亡国奴。1941 年 4 月，戴安澜奉令率部湖南祁阳整训。为了加强部队的战斗力，他亲自担任教育长，先后在师里开办了军官训练队和军士轮训班，将全师官兵都轮训了一遍。不久，第五军在广西界首举行各兵种联合攻防大演习，第二〇〇师的炮兵团、战车团、摩托化步兵团、战防炮营、工兵营、高射炮营和牵引重炮营等兵种协同作战，互相配合默契，指挥得体，攻防有度。演习后进行评比，第二〇〇师的练兵成绩被评为国民党军全国第一。

戴安澜升任师长以后，第二〇〇师曾长期驻扎广西全州。其间，戴安澜分别于1939年的5月和9月，率部参加抗击日军进犯的随(县)枣(阳)战役和第一次长沙会战。

勇夺昆仑关

☆☆☆☆☆

（36岁）

1939年11月，日军为了切断广西南宁至越南的国际交通补给线，威胁中国抗战大后方，发动了桂南战役。1939年11月15日，日军在海、空军的掩护下，由钦州湾（亦称北部湾）的企沙、龙门登陆。15日下午日军攻占防城，16日攻陷钦县，接着沿钦邕公路北犯。11月23日强渡邕江，24日攻占南宁。

这时，中国军队的主要兵力尚在湖北一带，

桂南兵力空虚。日军在钦州登陆后，中国最高统帅部匆忙调动兵力，命令第五军由湘、桂两省驻地星夜赶往桂南前线，南下迎击进犯日军。

当第五军第二〇〇师的先头部队赶到南宁以北时，南宁已经失陷。11月25日凌晨，第二〇〇师第六〇〇团在南宁北郊的二塘附近与日军第二十一、第四十二两个联队遭遇，双方发生了激烈战斗。日军在飞机掩护下猛烈进攻，第六〇〇团奋勇拼搏，打退了日寇一次又一次的进攻。但因日军拥有空中和炮火优势，第六〇〇团伤亡很大。第二日早上，日军向第六〇〇团阵地两侧迂回，企图围歼第六〇〇团。这时，戴安澜率部队赶到。他迅速布置部队打击日军侧翼，同时命令第六〇〇团后撤，跳出日军的包围。在激战中，第六〇〇团官兵死伤三分之一以上，团长邵一之、副团长吴其升阵亡，被迫趁夜色后撤至高峰隘附近阵地。戴安澜的汽车也在战斗中被敌人炮弹击中，所幸没有造成人员伤亡。

第二〇〇师主力随后分批赶到，在昆仑关附近的七塘、八塘间构筑阵地，与日军进行了一周的激战。后来由于友军阵地被突破，为避免第二〇〇师被日军包围，杜聿明军长命令该师向北转移至北泗圩休整。12月1日，日军攻占高峰隘。12月4日，桂南战略要地昆仑关失陷。第五军则在宾阳以北占领了阵地。双方以昆仑关一线山地为界，形成对峙状态。

为夺回南宁，维护国际交通线，保护大后方，国民党最高统帅部决定集中精锐之师，于12月中旬举行桂南会战。目标是“攻略昆仑关而后收复南宁”。此次会战动用了14个师15万人、飞机110余架。桂南反攻部队共分三路。东路军由第二十六集团军总司令蔡廷锴指挥，下辖第四十六军、第六十六军；西路军由第十六集团军总司令夏威指挥，下辖第三十一军；北路军由第三十八集团军总司令徐庭瑶指挥，下辖第五军、第九十九军及第四十六师、新编第三十师。昆仑关战役是整个桂南会战的核心战役，以北路军担任正面攻击任务，东西两路主要配合第三十八集团军的作战行动，在外围展开袭扰、破坏、阻击、监视活动。

第三十八集团军主要作战行动是，由第五军主攻昆仑关。第五军是当时国民党军队中唯一的机械化部队，除了三个主力步兵师，还有重炮、战车、工兵等军直属团队。全军共七万一千余人，装备较先进，拥有苏制T-26坦克八十余辆，德制“豪须”装甲车一百辆，美制福特卡车四百多辆，摩托车四十多辆；军属重炮团拥有一百五十毫米榴弹炮二十四门，各师也都有山炮、野炮，系国民党军最精锐的部队。蒋介石把他的这支“第一王牌”用在了夺取昆仑关的作战，可见其举行桂南会战的决心之大。

昆仑关位于广西南宁东北50公里的昆仑山上。

它两边群山叠嶂，山岭绵延，且多悬崖深谷，地势险要。东面两公里处有653高地，西面两公里处有445和441高地，往北往南均为平坦地势。昆仑关居高临下地扼制着邕（南宁）宾（宾阳）公路，大有“一夫当关，万夫莫开”之势，战略位置十分重要。早在宋朝狄青征南时，这里便成了著名战场。

侵占昆仑关及附近地区的日本军队是号称“钢军”的第五师团之主力第十二旅团，旅团长中村正雄少将，下辖第二十一、第四十二两个联队，共六千余人，附炮兵第五联队一部及轻战车部队，后来又增援了台湾混成旅团两个联队。中村旅团官兵多系日本山口县人，秉性剽悍凶残，攻守经验丰富，是第五师团中坚力量。

日军侵占昆仑关后，即在关口周围的山峰和高地筑起星罗棋布的据点式堡垒工事，沿山顶反棱线设有三道铁丝网，以各种轻重火力编成严密火网，构成拱卫昆仑关的坚固防线。

12月16日，第五军军长杜聿明召开团长以上军事会议，布置对昆仑关之攻坚作战。根据日军的设防情况，杜聿明经过周密考虑，制定了“关门打狗”的作战方案。他命令以戴安澜第二〇〇师、郑洞国荣誉第一师正面主攻昆仑关；邱清泉新编第二十二师为右翼迂回部队，由小路绕过昆仑关，进占五塘、六塘，切断昆仑关日军与南宁方面的联系；第二〇〇师副师长彭璧生率两个补充团为左翼迂回部队，向八塘作大迂回后占领七塘和八塘，侧击昆仑关之外，策应正面主攻部队，堵住守关日军的退路并阻击其援军；第九十二师予以协助。要力争全歼驻守在昆仑关的日寇守军。

命令下达后，各部按规定连夜秘密运动，迅速到达指定地点，完成了对日军的包围。当12月17日戴安澜率领本师到达攻击指定位置时，作为主攻师的指挥官，他面对强敌，镇定从容。在巡视了前沿阵地的部署之后，戴安澜豪迈而自信地对部属们说道：

“中国古时有上元三鼓夺昆仑之佳话，吾拟元旦夺取昆仑关。”

北宋皇祐五年(1053年)，大将狄青讨伐侬智高时，曾于元宵节之夜率师渡关，奇兵制敌，大败侬智高，平定广南，这就是人们常说的“狄青元夜夺昆仑”的故事。戴安澜如今以昔日大将狄青的壮举激励部属，表现了他对嚣张一时的强寇之蔑视，对即将到来的战斗充满了必胜信心。

12月18日凌晨，对昆仑关的攻击开始了。第五军首先进行炮火急袭，军属重炮团的24门150毫米榴弹炮和各师属炮兵的山炮、野炮、迫击炮开始猛烈轰击昆仑关日军阵地。刹那间硝烟四起，火光冲天，日军炮火被第五军强大的炮火压制住了。日军飞机的低空扫射也因中国高炮部队的还击而收效甚微。40分钟炮火轰击后，第二〇〇师与荣誉第一师在战车与轻重火力掩护下，开始向敌人阵地攻击。激烈战斗持续了整个白天。荣誉第一师第一团在团长吴啸亚的指挥下，首先攻占了仙女山。入夜，第二〇〇师与荣誉第一师继续攻击。经连续奋战，第一团又相继攻占了老毛岭、万福村和441高地。荣誉第一师第二团在团长汪波的率领下也攻占了罗塘高地。第二〇〇师第五九八团在团长高吉人率领下一举攻占日军守卫的653高地和600高地，打开了通向昆仑关的前进道路。第二〇〇师乘胜发展战果，在战车掩护下沿邕宾公路长驱直入，终于配合荣誉第一师占领了昆仑关主阵地。这次战斗击毁日军坦克两辆、炮四门，击毙日军百余名，缴获枪百余支。此时邱清泉的新编第二十二师已从右翼侧击成功，进入鸡鸣山一线，旋即攻占了五塘、六塘，破坏了公路和桥梁。梁汉明的第九十二师也攻占了七塘、八塘，昆仑关的日军陷入了中国军队的包围之中。第二〇〇师乘胜发展战果，其第五九九团在团长柳树人的指挥下，由装甲兵的多辆战车配合作战，苏制T-26坦克的45毫米火炮以直瞄方式迅速消灭了日军许多火力点，步兵紧随坦克冲锋。经过激战，终于夺回了昆仑关。

昆仑关虽被第五军夺回，但是周围山头的一些据点仍在日军手中。他们不甘心失败，在得到增援后，又以大批飞机为掩护，向昆仑关进行反扑。12月19日中午，日军再次出动飞机狂轰滥炸，第二十一联队联队长三木吉之助大佐亲自率领第一大队等部反攻，荣誉第一师在防御中伤亡甚重，昆仑关阵地被日军重新夺回，其防守兵力也大为增强。

昆仑关得而复失。蒋介石对昆仑关战役进展缓慢大为不满，给桂林行营及各参战部队下达命令："前方各部队与炮兵等，如有不积极努力进攻，或不能如限期达成任务者，应即以畏敌论罪，就地处置可也。"

12月20日，第二〇〇师按照军部命令接替荣誉第一师右翼的增洛、云梯及653、600高地、镇阳、荔枝之防务，并在战车连和重炮团的支援下继续猛攻昆仑关。戴安澜的部署是：将第五九八团和第五九九团阵地分别向南和东西延伸，填补荣誉第一师原防守阵地；六〇〇团为预备队。部队部署调整完毕后，20日黄昏，戴安澜命令第五八九团攻击界

▽ 中国军队在昆仑关战役中向日军发起冲击

首之敌。经过一小时的激战，第五八九团占领了界首北端的高地。日军仍在凭险固守，经过夜间战斗，虽未获显著进展，但日军继续支撑下去已很困难。

12月21日，第二〇〇师向负隅抵抗之敌展开连续不断的攻击，同时左翼荣誉第一师也向枯桃岭发起猛攻。经过这一天的激战，第五军占领了600以南高地、罗塘和界首东北高地，日军退守653高地附近几个小高地顽抗。

12月22日，第五九八团攻占了同兴以北高地，之后继续扫荡固守界首之残敌，第六〇〇团与同兴以东敌军竟日激战。日军为挽救其败势，派出飞机十余架，向中国军队阵地轰炸，并向昆仑关地区守军空投粮食弹药以利其固守。当晚20时，戴安澜以第五九八团为右翼，第六〇〇团为中央，五九九团为左翼，令各团向昆仑关发起全线总攻，并调战炮、山炮部队给予火力支援。由于地形险峻，日军防御工事坚固，战斗向前推进缓慢，除同兴以北高地和653高地南侧之敌被肃清外，界首及昆仑关守敌仍在顽抗固守。

由于连续攻击，部队伤亡过重，杜聿明军长命令第二〇〇师暂停攻击，在现阵地调整部署，并严密警戒以防敌之袭击。

昆仑关主攻不克，前来检查督导的第三十八集团军总司令徐庭瑶和军长杜聿明仔细研究了其中的原因。他们发现，敌人在关口四周的高地上布置了各种轻重火器，能对进攻关口的我军形成交叉火力威胁，如果不彻底消灭这些火力点，即使再攻克，也站不住脚。因此杜聿明决定加强集中优势兵力火力，重点打击，先拔去这些眼中钉，并彻底切断敌军与南宁方向的联系，然后逐个拿下各敌占阵地。他将任务“分片包干”给一线各团队，同时向各团下达了限期攻占的任务。

12月25日凌晨，根据最新作战部署，第二〇〇师和荣誉第一师又投入了新一轮的攻击。在以后数日的战斗中，为了争夺每一个高地，第五军与日军展开殊死搏斗。第二〇〇师所属的三个团，在炮火的掩护下，分别向同兴、界首之敌发动猛攻。

由于中国军队官兵异常奋勇，在重炮火的掩护下，逼近日军阵地，先破坏敌之铁丝网，继投以手榴弹，即与敌反复肉搏，一个一个据点被我军所夺。

第五九八团在高吉人团长的指挥下两次攻克同兴堡，最后终于坚守住了这个重要据点。六〇〇团也在刘少峰团长的指挥下拿下600高地。荣誉第一师第一团冒着敌军的枪林弹雨，于下午16时再克昆仑关前罗塘高地。接着该团又向老毛岭和441高地发起猛攻。在付出了惨重的代价之后，一团终于又攻占了441高地，并彻底消灭了所有的守敌。到日暮时分，敌人在昆仑关右侧的高地全部被中国军队所收复。日军虽然仍占据那些残留的据点，继续进行着拼死之抵抗，但战场形势已经变得对他们极为不利，其败局已定。

第二〇〇师在攻击上述阵地得手后，即组织力量向昆仑关最后一道大门——界首高地发起猛攻。界首高地位于昆仑关东北，地势险要，工事坚固，是日军保卫关口的最重要屏障。在攻击界首之敌时，郑庭笈任团长的荣誉第一师第三团调归第二〇〇师指挥。戴安澜命令该团于28日晚开始攻击界首高地。为了保证战斗的胜利，戴安澜师长亲自到该团督战。尽管敌机在头上扫射、轰炸，但该团官兵士气高昂，勇猛攻击。该团选出一些精壮士兵组成敢死队，穿过密织的火网爬到敌人阵地前，以手榴弹塞进日军据点的枪眼，炸掉正在吐着火舌的敌堡。29日天刚破晓，军属重炮团便开始向界首高地轰击，炮火开始延伸射击后，部队马上发起冲击。又经过三小时的强攻，郑庭笈团终于在这天上午攻下界首高地，歼灭了全部守敌。郑庭笈团为攻占界首高地所付出的代价是惨重的。界首高地一战，歼敌数百，使昆仑关日军之屏藩尽失。当界首燃起胜利的烟火时，杜聿明不禁欢呼起来："界首高地占领了，昆仑关大门打开了！"

界首攻下后，昆仑关主阵地即暴露在第五军的

△ 中国军队攻下昆仑关

强力攻击之下。杜聿明决定不给日军以喘息之机，乘胜追击，对昆仑关发动总攻。鉴于第二〇〇师在此前的作战中损失较大，杜聿明命令作为预备队的新编第二十二师接替第二〇〇师执行最后攻击昆仑关的任务。31日拂晓，新编第二十二师的邓军林团一马当先，迅猛攻入昆仑关主阵地。随后大部队蜂拥而入，很快肃清了残敌，昆仑关被第五军完全收复。与此同时，昆仑关附近几个小高地上的残敌也被消灭了。

日军失去昆仑关之后，向八塘、九塘方面退却。为了收复南宁，彻底击败进犯的日军，第五军于

1940年1月初又向退守八塘、九塘方面的日军攻击。

首先攻击的是被日军重新占领的441高地。军部先令荣誉第一师进行攻击。荣誉第一师攻上高地后，占据高地南侧之敌，利用山地死角向荣誉第一师猛烈反攻，两军相持不下，陷于对峙状态。1月3日，军部命令第二〇〇师派部队由441高地南侧向上廖方向侧击敌人。戴安澜接令后即指派第六〇〇团攻击441高地南侧，第五九九团协助攻击。1月3日夜，在两个师的协力攻击下，困守在441高地的日军支撑不住，向中国军队施放毒瓦斯，趁机向九塘方向撤退，441高地复为中国军队所占领。

1月4日9时，第二〇〇师又乘势攻占了九塘。这时正在仙女山指挥所的戴安澜面对胜利，心情非常兴奋，随口吟出七绝一首：

仙女山头树战旗，南来顽寇尽披靡；

等闲试向云端望，倩影翩翩舞绣衣。

接着中国军队又马不停蹄地向日军据守的八塘进攻。夺取300高地是能否攻下八塘的关键。第二〇〇师奉军部之命，与日军进行了持续数日的300高地争夺战。

1月8日上午，第二〇〇师开始向300高地进攻。至当天下午，攻占了这一高地。日军连夜组织反击，重新占领了300高地。第二〇〇师虽然也组织了夜袭试图恢复300高地，但并未成功。

在争夺300高地的过程中，中日双方进行了激烈的炮战，都试图通过炮火压制来夺取战斗优势。1月11日下午13时，日军炮兵向我炮兵指挥所发射炮弹百余发。为了打击敌军的炮兵，戴安澜亲自到炮兵指挥所指挥射击。经过观察，他发现了敌人的炮兵阵地，遂不顾个人安危，亲自手握剪形望远镜标定敌炮位置，指挥还击。下午15时10分，敌炮弹在戴安澜附近爆炸，弹片直接穿入戴安澜的左背造成重伤。杜聿明得知戴安澜受伤的消息后，要求尽快将他送往医院治疗。由于流血过多，难以支持，戴安澜只好立即召集部属们开会，将有关事务部署完毕。当夜23时，戴安澜由战场被送至柳州野战医院急救。

考虑到第五军已经连续战斗四十余天，伤亡较大，需要补充休整，最高统帅部决定由第一〇一军接替第五军的作战任务。1月12日中午，两军完成交接，第二〇〇师遂结束了在昆仑关的作战。

此后，由于援军第十八师团和近卫混成旅团的到达，日军曾于2月3日再度夺占了昆仑关。但终因战线太长，兵力不足，其在广西的战事呈下滑态

△ 1940年戴安澜昆仑关战役伤愈后摄于柳州

势。2月中旬，中国军队收复昆仑关等地。10月下旬，龙州、南宁等城市均为中国军队所克复。至1940年11月底，兵少力疲的日本侵略军全部撤出了广西。

昆仑关战役是中国军队在进入抗战相持阶段后取得的几次战绩辉煌的战役之一。正是由于取得了此次战役胜利，中国军队才能够在此后不久很快地收复了南宁及整个广西。昆仑关战役也是中国军队在正面战场上首次规模较大且大获成功的阵地攻坚战，这次所打败的又是日军最精锐的第二十一旅团，因此它有着非同寻常的意义。

在中国现代战争史上，昆仑关战役也可以因其对整个桂南会战的积极作用，以及作为中国军队成功地打败日军的山地攻坚战例而载入史册。至于中国军队在这次战役中表现出来的勇敢拼搏精神和伟大献身精神，更令人深深地敬佩和怀念！昆仑关之战缴获的各种日军战利品，包括火炮、枪支、弹药、军旗、军服和日军个人的护身符、家信和战场照片及统计图片等，先后在柳州、桂林、全州等地展出，轰动一时，极大地振奋了全国军民抗战必胜的信心。

在此战后，戴安澜指挥的第二〇〇师因战功卓著，全师受国民政府集体嘉奖一次，参战人员全部提薪饷两级。师长戴安澜因指挥有方和身负重伤仍坚持指挥作战，荣获国民政府颁发的四级宝鼎勋章一枚。后来何应钦代表蒋介石主持召开南岳军事会议，总结检查昆仑关战役，称赞戴安澜为“当代之标准青年将领”。戴安澜经此战一举成名，其卓越表现得到国内舆论高度赞誉。各报记者在国内外报刊上报道大战经过，称戴安澜师长“当代狄青”。

师出缅甸 异域扬威

（1942）

远征入缅

☆☆☆☆☆

（38岁）

1941年12月7日，日本偷袭珍珠港，继而进攻东南亚各地，挑起了太平洋战争。半月后日本飞机空袭仰光，拉开了日军侵缅的序幕。驻缅英军节节败退，不仅助长了日军的嚣张气焰，而且将中国西南大后方暴露在日军的威胁之下。自1940年9月日军侵占越南北方后，切断了滇越公路，滇缅公路就成为美英等国援华物资运往中国西南大后方的唯一国际交通大动脉。而现在由于日军入侵缅甸，滇缅公路也面临被切断的危险。日军的侵略扩张政策促使美、英、中三国走向军事结盟的道路，为抗击日本法西斯的侵略而并肩作战。

12月23日，中、美、英三国代表在重庆召开东亚军事会议，中国和英国共同签订了《中英共同防御滇缅路协定》，成立军事同盟。12 月 31 日罗斯福总统致电蒋介石，提议成立中国战区（包括越南、泰国），由蒋介石担任统帅。1942 年 1 月，罗斯福决定派史迪威中将来华担任美国驻华军事代表、驻中国战区和缅甸、印度美军司令官，并兼任蒋介石的参谋长。应美、英的一再请求，1942 年初，中国国民政府军事委员会以第五军、第六军、第六十六军组成远征军，任命卫立煌为远征军第一路司令长官（未到职，4 月 2 日后改为罗卓英。在司令长官未到任以前，由杜聿明暂时代理），第五军军长杜聿明为副司令长官。然而由于英国缺乏军事合作的诚意，唯恐中国远征军入缅后使英国的利益受损，因而一再阻挠和拖延中国远征军入缅布防的时间。1942 年 2 月中旬，因缅甸局势紧急，英方才向中国方面提出，速派第五军入缅参战。2 月 27 日，蒋介石命令先头部队第二〇〇师于五天后开始出发，急行入缅，在平满纳、同古间占领阵地。

戴安澜早在驻守贵阳整训时，就听到将派部队出国远征的传言。他闻之跃跃欲试，对友人慷慨而言："如得远征异域，始偿男儿志愿！"表示愿为祖国牺牲一切。1941 年 10 月，贵阳《中央日报》记者采访戴安澜，请他谈谈出国作战的感想，他高兴地说："假如能有这样的命令，那我很荣幸，因为最高当局能够将这样重大的责任派交我和我的部队，我会很兴奋。"12 月中旬，第二〇〇师奉命由昆明开赴保山，准备入缅作战。在此期间，戴安澜加紧训练部队，探听了解缅甸地理、交通情况和当地民族生活习惯，为出国作战进行积极的准备。

△ 1941年戴安澜入缅前摄于昆明

1942 年 3 月 1 日夜间，戴安澜接到电话，要他立即前往缅甸的腊戍，在那里接受蒋介石的亲自召见。原来蒋介石已于当天下午乘飞机到达腊戍，视察缅甸战局，当夜即电召戴安澜面授机宜。这时戴安澜刚刚接到叔祖父戴端甫过世的噩耗，他强忍悲痛，连夜乘车越过国境，于次日一早赶至腊戍。蒋介石召见戴安澜时说，远征军入缅后必须独立自主地全面规划对日作战，而不能对英军寄以太大希望。第二〇〇师的任务是作为第五军的先头部队，先期入缅，孤军深入，前往同古扼要布防固守，掩护第五军主力于平满纳以南地区集中，采取攻势作战，给予日军以歼灭性打击。当蒋介石询问第二〇〇师能否在同古坚守一两周，打个胜仗时，戴安澜态度坚决地回答道："此次远征，系唐明以来扬威国外之盛举，戴某虽战至一兵一卒，也必定挫敌凶焰，固守同古。"戴安澜还向蒋介石汇报了他在对日作战战术方面的想法:“本师拟采取高垒深沟、坑道互通、纵深配备、逐次抵抗战术，以避敌之锐而迭挫其锋；更以埋伏奇袭打其不备，并用钻隙迂回击敌侧背；以近战夜战和火力急袭与短距突击诸手段，以达逐次破敌之目的。”蒋介石听后非常满意。戴安澜还参加了在这里举行的远征军高级军事会议，使他对入缅军事安排有了更多的了解和思想准备。在这次会议上，史迪威被任命为中国远征军总指挥。

3月4日，戴安澜赶回本师驻地保山板桥，即准备率第二○○师各团及军摩托化骑兵团、工兵团等配属部队，乘军车开向缅甸。

出发前夕，戴安澜召集全师官兵作远征动员。他以岳飞、文天祥、诸葛亮为榜样，激发官兵们的爱国热情，勉励他们为正义而战，严惩强寇，扬威国外。官兵们穿着草黄色军服，脚踏草鞋，背挂斗笠，佩戴“昆仑”臂章，肩挎各式武器，英姿飒爽，威风凛凛。军用卡车“一”字形排列着长队，车身上贴满了用中、缅两国文字书写的标语：“中国军队为保卫缅甸人民而来！”“加强中英军事合作！”“缅甸是中国最好的邻邦！”“驱逐倭寇，扬威异域！”“为国争光，不胜不还！”戴安澜一声令下，268辆带有篷布的军用卡车徐徐开动了。第二○○师官兵们肩负着全国人民的重托，豪迈地踏上了出师异域、支援友邦、保家卫国的征途。

一路上，官兵们斗志昂扬地高唱着师长戴安澜亲自谱写的战歌《战场行》：

弟兄们，向前走！弟兄们，向前走！

五千年历史的责任已经落在我们的肩头，

落在我们的肩头。

日本强盗它要灭亡我们国家，奴役我们民族。

我们不愿做亡国奴，我们不愿做亡国奴，

只有誓死奋斗，只有誓死奋斗，只有誓死奋斗。

伴随着激昂的歌声，车队风驰电掣，急速前行，直奔国门驶去……

第二〇〇师的车队沿着滇缅公路行进，途经龙陵、芒市、遮放，由畹町出境。沿途路上车队受到云南各族人民的热烈欢送。百姓们自发地站在路旁，手上挥动写着“欢送国军远征”、“扬威异域，为国争光”等标语的小旗，嘴里高喊着“胜利胜利！

△ 中国远征军第二〇〇师率先开赴缅甸作战

凯旋凯旋！”热情洋溢地为远征军送行。不断有人把水果、干粮、鸡蛋、布鞋、草鞋等慰问品送到官兵们的手中。由妇女们组成的花鼓队、红绸队扭着秧歌，唱着用云南花灯调填词的歌曲，为远征军送行。热烈的欢送场面，令车上的官兵们禁不住泪流满面，热血沸腾。

车过畹町，很决进入缅甸国境。沿途经过一些城镇村落，官兵们又受到当地华侨的热烈欢迎和热情款待。华侨们打着“入缅远征，无上光荣！”“欢迎祖国远征军！”的标语、彩旗，将一束束鲜花、一包包糖果食品、一盒盒香烟，雨点般地抛撒到远征军的车上。官兵们接到华侨的礼品，深感肩负责任的重大，更加坚定了胜利进军的信念。远征军入缅作战，这是自 1894 年甲午战争以来，中国军队第一次出境援助友邦、抗击侵略的大规模军事行动。想到这些，戴安澜心中不由得涌上一股激昂豪气，他以诸葛武侯出征自勉，即兴赋诗两首：

策马扬鞭走八荒，远征大业迈秦皇。
誓澄宇宙安黎庶，手挽长弓射夕阳。

万里旌旗耀眼开，王师出境夷岛摧。
扬鞭遥指花如许，诸葛前身今又来！

这两首诗充分表达了戴安澜当时的激动心情和视死如归的抗战决心。

决死一战

☆☆☆☆☆

（38 岁）

1942 年 3 月 7 日，第二○○师经过三天日夜兼程的紧张行军，途经腊戍、曼德勒、平满纳，到达战斗第一线同古。

同古又译作东吁或者东瓜，是一座有 11 万人口的中等城市。该城地处南缅平原，南距仰光 250 公里，北距曼德勒 320 公里，是仰光和曼德勒之间最大的城市，扼守仰曼铁路和滇缅公路要冲。由于同古北面有克容冈（开道）机场，日军认为该城是“必须迅速占领”之地。而中国方面则认为，同古与西线普罗美和东线毛奇互相呼应，构成了阻止日军北犯的屏障。尤其是 3 月 8 日仰光失陷后，守住同古就显得更为重要。

此次日军入侵缅甸，分为东、西、中三路

同时进行。戴安澜接到的任务是，不惜一切代价坚守同古，以粉碎日军中路的正面进攻，阻断日军由仰光向曼德勒入侵的道路，同时争取时间，掩护中国远征军主力向同古一带集结。

同古周围地势平坦，防守起来没有起伏的地形可以利用，但是城区仍有可供利用的有利条件：仰曼铁路穿城而过，路西为旧城，路东是新城。旧城城墙高20米，厚13米，全是砖石砌筑，是很好的防御工事。新城建筑密集，街道纵横，利于巷战。城东有锡唐河掩护，城北十余里有克容冈机场。但是英军的工事构筑得浮皮潦草，十分简陋，散兵壕挖得很浅，战斗指挥所的掩体覆盖层太薄，根本经不住炮火轰击。锡唐河大桥竟然没有永备性桥头堡，克容冈机场没有高炮，也没有地面工事。

第二〇〇师接防同古后，当务之急是赶修工事。为了有效地抵御日军攻击，工事必须构筑为半地下的，且要求十分坚固，因此修筑工事的工作量很大。第二〇〇师官兵们争分夺秒，利用城墙构筑坚固的复廓阵地，在城内各交通要道加修堡垒群，轻重武器构成交叉火力网，锡唐河西岸也构筑纵深防御阵地，一些重要地段，已筑成全封闭坑道式堡垒。一座同古城在戴安澜手里，短短几天内便形成了地上地下相互呼应的立体防御体系。

根据敌强我弱、敌众我寡的形势，戴安澜决定首先要对来犯之敌进行节节抵抗，尽量迟滞其进攻速度，赢得几天时间，以利城防之巩固。于是他做出如下兵力部署：

（1）军摩托化骑兵团附第五九八团一连和工兵连，占领皮尤河，担任搜索警戒，并掩护英军撤退及第二〇〇师主力布防。

（2）第五九九团和第六〇〇团各以一部配合第五九八团一营在坦塔宾、阿克春、耶索至巧背一带构筑前进据点，利用埋伏、奇袭和迂回、钻隙诸手段，给敌以出其不意的打击，逐次消耗其有生力量，务使日军在这一地带内遭受到极其惨重的损失。

（3）以工兵团固守城北机场及车站。

（4）第五九九团和第六〇〇团各附迫击炮、平射炮两个连，依托同古城垣，构筑主阵地带，各班、排、连分别建成既能独立作战又能互相支援的坚固据点阵地，用火力急袭与突击歼敌于阵前或阵内，实行200米内消灭敌人的原则，予进攻之敌以大量杀伤，坚决击退敌人的进攻。

（5）以第五九八团主力为预备队，并在同古北郊构设预备阵地。

（6）以师骑兵连、搜索连在河东活动，掩护师的左翼安全。

部署完毕后，戴安澜便夜以继日地到各部队去巡视，督促加固工事，指导部队进行备战和应战演练，并派政工人员访问华侨和当地缅人，组建华侨志愿队协助部队作战。

同古以南30公里处，有一条皮尤河。同古保卫战就是在皮尤河两岸这块前哨阵地上拉开序幕的。

3月11日，骑兵团附工兵、步兵各一连，由骑兵团团长林承熙指挥，推进至皮尤河及其南12公里处担任警戒任务。林承熙鉴于英军与敌作战月余尚不明了当面的敌情，想到前哨部队的最主要任务就是搜索敌情，应该设法获得敌人的有关文件。他根据日军骄横狂妄的特点，估计他们在追击英军时，可能轻敌冒进，因而在皮尤河南12公里处先构筑假阵地，在皮尤河南岸构筑埋伏狙击阵地，皮尤河北岸构筑主警戒阵地，并准备好在200米长皮尤河大桥上的爆破工作，等待敌人行至大桥北端，即用电气导火爆炸。所有阵地都进行了巧妙的伪装，以利于对冒进之敌进行突然性打击。

3月8日，即第二○○师到达同古的第二天，

▷ 史迪威和远征军将领在同古前线

缅甸首都仰光就被日军占领了。10日，日军跟踪追击后撤的英军，向同古推进。16日，日军飞机开始轰炸同古城。18日，原驻守同古的英军第一师全部撤走。日军第五十五师团第一一二联队搜索部队跟踪追击，到达皮尤河南12公里处，准备在行进间快速占领同古城。19日清晨，日军的车队由南向北快速驶上皮尤河大桥，埋伏在公路两侧的中国士兵立即用电器引爆炸药，只听一声震天巨响，大桥轰然陷落，行进在桥上的四辆装甲车和车上的日军顿时葬身河内。日军后续车辆拥塞在河南岸的公路上，顿时乱作一团。这时，林承熙指挥埋伏在两侧阵地上的第二○○师警戒部队，使用轻重武器向敌人猛烈射击。经过一小时的激战，日军数十人被击毙，其余敌人狼狈地逃进密林之中，第二○○师取得了皮尤河前哨战的胜利。第二○○师警戒部队战后缴获日军遗弃之枪支、弹药、车辆、地图、日记、望远镜、文件等甚多，得知当面之敌为第五十五师团，该师团为山地师装备，师团长为竹内宽。

3月19日夜，日军大部从皮尤河上游渡河，迂回至骑兵团后方。骑兵团见形势不利，即于三小时后撤至皮尤河以北15公里的良赤道克附近，继续阻击日军北进。

3月20日拂晓，日军约六百多人沿公路北上，向良赤道克猛扑而来。我前哨部队第五九八团依照戴安澜既定方案，以一连和工兵连在皮尤河到良赤道克的公路两侧设第一道埋伏，以各骑兵连和平射炮连在良赤道克村前设第二道埋伏。当日军进至第一道埋伏时，一连等部放过敌尖兵，待日军主力跟进后，令部队猛烈开火，给予日军以突如其来的猛烈打击。敌人伤亡惨重，没被打死的残敌慌忙向后逃窜。一连排长王若坤率先跳出战壕，向逃跑的日军射击，又打死数名日军，其中中尉、少尉各一人。日军见在公路上进攻行不通，即以其后续部绕道进攻良赤道克，又在村外遭到伏击。此战共击毙日军二百余人。傍晚，日军又以骑兵及便衣队袭击，扰乱中国军队阵地，但都未能得逞。

3月21日凌晨3时，戴安澜接到骑兵团一位叫周朗的营长电话，报告日军已经将良赤道克与同古相连的一条通路截断，戴安澜命令该营迅速后移至开维布维。跟踪而来的日军在两门重炮的掩护下，向周营猛攻。周营伤亡较重，两翼稍向后撤，但仍然据守主阵地顽强抵抗。战至黄昏，日军的攻击仍无明显进展。入夜，日军以一部兵力悄悄迂回到开维布维的侧后，企图对周营取围攻之势，鉴于周营阻滞日军的目的已经达到，戴安澜遂命令该营再向依索方向退却，并对日军之左侧形成威胁。

3月22日，日军第一一二联队在战车、大炮、飞机的掩护下，再次向我第六〇〇团一营防守的阿克春阵地进攻。敌军重点攻击一营阵地的左翼，企图先在此处打开缺口，尔后对一营加以围歼。一营及时投入预备队实施反击，粉碎了敌人的进攻。此后敌虽连续发起攻击，但一营在师部炮火支援下，奋勇抗击。一直战至深夜，敌人仍攻不下一营阵地。

3月23日，日军继续向一营进攻。敌人以山炮十二门、战车二十辆、飞机二十余架，掩护大批步兵向一营阵地的左翼和右翼轮番攻击。一营则巧妙利用地形地物抗击敌人，用集束手榴弹炸毁敌坦克、装甲车各二辆，汽车七辆，击毙敌人三百多人，打退敌人多次进攻。经一个昼夜的激战，敌虽死伤枕藉，却前进不得。

3月24日，日军向坦塔宾、锡唐河北岸等中国军队外围阵地进攻，也分别被第二○○师部队击退。但是，其第一四三联队约六百余人从左翼绕过阿克春，迂回攻击城北的克容冈机场。防守机场的军工兵团猝不及防，在团长李树正带领下后撤回城。另有第五九八团的一个营尚在机场坚持抵抗。战至晚上20时，终因寡不敌众，丢掉了克容冈机场。机场失守后，日军得以从南、西、北三面对第二○○师形成包围，同古与后方之间的主要通道已被敌切断，真正成了孤城一座。戴安澜决定将阿克春、坦塔宾的防御部队撤回，集中全师兵力坚守同古城。同时决定将师部迁往城东，固守险要大桥及东岸要地，并设置无线电台，以便与设在瓢背的军部保持联系。城内的三个步兵团由师步兵指挥官兼第五九八团团长郑庭笈统一指挥。那个临阵逃脱、造成克容冈机场失守的工兵团团长李树正被军法处判处枪决，就地执行。

经过六天的外围作战，第二○○师以伤亡七八百人的代价，挡住了日军的猛烈进攻，迟滞和消耗了敌人，打击了日军的嚣张气焰，取得了抗击日军进攻的宝贵经验，鼓舞了部队的斗志，同时也为准备同古城主战争取了时间。

3月22日激战后，戴安澜将同古前线日军进攻的情况向杜聿明军长作了汇报，并询问军部下一步的计划，得到的回答是大计未定，第二〇〇师的任务仍是坚守同古。此时戴安澜很清醒地意识到本师的处境：上面的命令是死守孤城，而援军尚在千里以外，同古一战，恐怕是凶多吉少。这时，他想起十天前蒋介石召见他的时候，他曾坚定地表示要死守同古。现在看来，是到了兑现诺言的时候了。这天夜里，戴安澜坐在师部指挥所里，取出师部信笺，先写下了“誓与同古共存亡”的遗嘱，接着又预先写好了给妻子和军中至交的两篇遗嘱：

致荷馨夫人　　　　三十一年二月二十二日

亲爱的荷馨：

余此次奉命固守同古，因上面大计未定，其后方联络过远，敌人行动又快，现在孤军奋斗，决以全部牺牲，以报国家养育！为国战死，事极光荣。所念者，老母外出，未能侍奉。端公仙逝，未及送葬。你们母子今后生活，当更痛苦。但东、靖、篱、澄四儿，俱极聪俊，将来必有大成。你只苦得几年，即可有福。自有出头之日矣，勿望以我为念。我要部署杀敌，时间大忙，望你自重！并爱护诸儿，侍奉老母！老父在皖，可不必呈闻。于此即颂

心安

安澜手启

生活费用，可志川、子模、尔奎三人洽取，因为他们经手，我亦不知，想必他们必能本诸良心，以不负我也，又及。

▽ 戴安澜写给友人的遗书

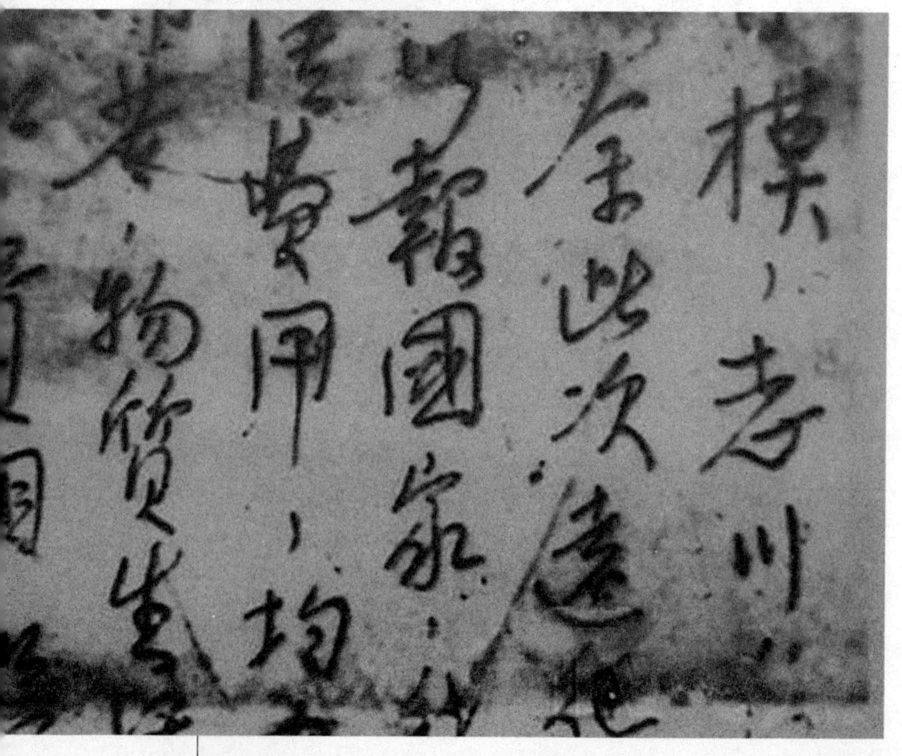

模、孝川：
余此次遠
為報國家
費用、均
物質

致子模、志川、尔奎　三十一年二月二十二日

子模、志川、尔奎三位同鉴：

余此次远征缅甸，因主力距离过远，敌人行动又快，余决以一死，以报国家！我们或为姻戚，或为同僚，相处多年，肝胆相照，而生活费用，均由诸兄经手。余如战死之后，妻子精神生活，已极痛苦，物质生活更断来源。望足等为我善筹善后，人生相知，贵相知心，想诸兄不负我也。手此即颂勋安

写完之后，戴安澜将两封信函和多年一直使用的日记本一起，装入作战皮包之中。希望日后如有不测，部属们会将这些信函交与他的至亲好友。

第二天在团以上军官会议上，戴安澜神情严肃地宣布：

命令各团营进入阵地，准备坚决战斗到底。本师长立遗嘱在先：余战死，以副师长代之；副师长战死，参谋长代之；参谋长又战死，以某团长替之；团长战死，营长代之……以此类推，各级皆然。

在戴安澜师长的带动下，全师团、营、连、排、班长都指定了战死后的代理人。官兵们抱定了战死的决心。决心与同古城共存亡。于是，同古激战前，全师士气旺盛，锐不可当。

⊖ 坚守同古

☆☆☆☆☆

（38 岁）

1942 年 3 月 25 日拂晓，日军第五十五师团倾巢出动，以第一一二联队为右翼，第一四三联队为左翼，骑兵联队配属步兵一个中队沿锡唐河攻击，分别从三个方向对同古展开围攻，企图将第二〇〇师压向锡唐河予以歼灭。戴安澜指挥全师，依托城防工事沉着应战。敌人以重炮向城内猛烈轰击，三十余架飞机也对同古城进行轮番轰炸，城内地面建筑和工事大多被敌炮火夷为平地。但第二〇〇师官兵利用地下坑道式工事有效地保护了自己。缅甸盛产粗大结实的柚木，木质极为坚硬。是建造桥梁、船舶的上好材料。第二〇〇师官兵用这种木料修筑的工事，具有非常好的防弹效果。当日军炮击或飞机轰炸时，官兵们都躲进坑道里，等到日军炮火延伸时，再纷纷从坑道口冲出来投入战斗，突然向日军射击、投弹，打得敌人人仰马翻，死伤遍地。

戴安澜还让官兵们以火烧森林的方法阻碍敌人前进。当日军的步兵以密集的队形涌进城边丛林时，第二〇〇师官兵便发射燃烧弹把树丛点燃，林中顿时燃起熊熊大火，日军步兵陷身火海，连人带树都被烧个精光。敌人想不到戴安澜会出此奇招，一时不知所措，只好停止了进攻。

入夜，第二〇〇师各部又不断派出小分队袭扰

▽ 同古前线的第二〇〇师炮兵

敌军，使之一夕数惊，不敢轻举妄动。

第二〇〇师就这样依托城防工事与敌人周旋着，连续击退了敌人多次进攻，自己却伤亡甚微。敌人虽付出了很大的伤亡代价，但却无法越雷池一步。

3月26日战事更加紧张。日军出动战车三十辆、大炮二十门、飞机三十架，并增派第一四四联队参战，继续以重兵围攻同古。日军吸取前一天的教训，改变了战法，集中两个联队兵力，重点突击同古城西北角。日军以坑道爆破将城墙炸塌，打开了一处缺口。日军为了突进城内，竟不顾国际法禁止，悍然使用了糜烂性芥子毒气弹。防守此处的守军第六〇〇团官兵没有防备日军会使出这一卑鄙手段，许多人中了毒。中毒者身上皮肤红肿，继而伤口糜烂，浑身痒痛难忍。该团伤亡过大，防御力下降，阵地终被日军所突破，黄昏时被迫撤出阵地，退守铁路以东。城破之际，戴安澜曾令预备队向敌人反击，肉搏数次，激战惨烈。然而敌人利用房舍、庙宇及围墙顽固抵抗，并得到后续部队增援，得以巩固已经占领的阵地。于是在同古城内形成了中国军队守铁路以东，日军占据铁路以西的不利局面。中日双方的部队仅隔一条铁路对峙，相距不到百米。由于犬牙交错，敌人的飞机大炮均无法发挥作用。日军将其前沿部队向后撤退200米距离，尔后再派飞机来轰炸，又用大炮轰击。中国军队仍然采取敌炸我避、敌攻我防的办法，待日军步兵近至四五十米的时候，才用所有轻重机枪、步枪、手榴弹像暴风骤雨般地打过去。敌人突遭痛击，死伤大片，只好退了下去。

过了不久，又重新组织进攻，再被打下去。如此反复冲杀，一日之内要多次发生，攻防双方互有伤亡。但中国军队坚守阵地，誓死不退，市区战斗呈胶着状态。

3月27日黎明后，日军步兵攻击稍有停顿，其空军则大举出动，协助地面战斗，不时以三十余架飞机沿锡唐河西岸轮流轰炸，以掩护其地面部队夺取城内阵地。同古城区在敌机轰炸之下，已成一片瓦砾。第二〇〇师阵地中部和左翼两地区虽有一定损失，但对防御作战并没有太大影响。日军步兵发起冲锋后，双方即成短兵相接之势，在市区内进行逐街逐屋的巷战争夺，兵士们以白刃格斗相互血战拼杀，其情景惨烈之极。当日夜晚，在南面守卫的中国军队曾奋勇出击，对立足未稳的日军展开逆袭，将日军一度压赶至城外河岸。在此逆袭中数十名日军被击毙，其中包括第一四三联队长横田大佐。中国士兵从横田大佐尸体上搜出日记一册，上面记曰："自南进以来，敌军望风披靡，我军所向无敌。不料，同古之战却遇劲敌。劲敌者，中国重庆军是也。"

第二〇〇师在同古艰苦奋战已达九天，伤亡上千人，部队官兵已经筋疲力尽，战斗力严重下降。

日军第五十五师团的攻势接连受挫，各联队损失也很惨重，攻击力已经达到极限。同古的战局已经到了最后的关键时刻，敌我双方都在一面继续作战，一面等待援兵的到来。中国军队的援兵是杜聿明调来的新编第二十二师先头团和第五军军部的两个补充团，这些部队原来是乘火车增援。日军第五十五师团以工兵及骑兵部队进至同古北面的南阳车站阻止远征军南下增援，并出动九十余架飞机沿铁路轰炸，将叶达西车站炸毁，远征军增援部队被迫改乘汽车向同古前进。27日中午，新编第二十二师先头团与日军北进部队曾在克容冈附近发生遭遇战，尔后双方彻夜对峙。

3月28日，这是与日军战斗后第十天，也是日军攻击最猛烈的一天。这天上午，攻城日军得到了野战重炮兵第三联队的增援，出动飞机一百九十余架、战车一百多辆、大炮一百余门，再次发动猛烈进攻，城西、城南阵地失而复得，指挥部多次受轰炸。敌人恼羞成怒，竟然再次向城内施放糜烂性芥子毒气弹百发。所幸适逢旱季，毒气多被季风吹散，中毒者十余人。第二〇〇师官兵们与敌人反复冲杀，伤亡很大，但仍英勇抵抗，阵地屹立不动。

到了晚上，同古城内第二〇〇师阵地仍然没有动摇。敌人无计可施，便派一些士兵伪装成英缅军及缅甸土人，驱赶着牛车，暗带枪械弹药，企图混入城内，里应外合，消灭第二〇〇师。但是这伙人的伪装迅速被第二〇〇师官兵识破，并一网打尽，计缴获迫击炮七门，步枪一百多支，机枪六挺，还有很多防毒面具。

这天日军的增援部队第五十六师团精锐搜索联队也投入了攻

击同古的战斗。该联队长平井卯辅大佐非常狡猾，擅长偷袭。他没有让搜索联队加入正面进攻，而是趁守军不备，在夜间派400人偷渡水深齐胸的锡唐河，直取位于东岸的第二〇〇师指挥部。

深夜23时，这支日军突然出现在戴安澜指挥部附近，双方相距只有50米，情况万分紧急。担任警戒任务的第五九九团三营拼死抵抗，伤亡过半。师指挥部的警卫、参谋、后勤人员也都拿起武器，英勇地参加了战斗。戴安澜亲自手握轻机枪在河岸边向渡河偷袭的日军扫射，战斗甚为激烈。

激战至29日拂晓，在城内指挥作战的步兵指挥官郑庭笈听到锡唐河以东炮声隆隆，随即又接到戴安澜的电话，得知敌人正向师指挥部发起攻击。郑庭笈火速派第五九八团的两个连增援师指挥部，对来犯的敌人进行东西夹击，才打退了敌人的进攻，师指挥部化险为夷。可是敌人趁机占领了锡唐河大桥，切断了师指挥部与城内的联系。

在师指挥所激烈战斗的同时，城内敌人步、炮、空联合攻击亦未曾间断，各团陷入四面受敌的状态，战火纷飞，形势险恶，戴安澜严令各团坚守阵地。他后来说，28日这一仗，是他经历过的最激烈、最难打、最险恶的一仗。第二〇〇师是用百米决斗、刺刀加手榴弹解决问题的打法，把敌人打跑的。

3月28日，新编第二十二师主力附炮兵和轻战车各一部，向同古以北五十余公里的南阳车站猛烈攻击，欲解第二〇〇师同古之围，至午后攻下南阳车站外围及车站部分建筑物，并摧毁了日军炮兵阵地，俘获日军大尉以下37人。但敌人仍据守在南阳车站坚固建筑物之内，未能肃清，阻滞了新编第二十二师对同古的增援。

至3月29日，日军攻势略呈平缓。

这一天，远征军新编二十二师继续向南阳车站攻击。日军向南阳车站增援，以步炮联合反攻，敌我相战多日，均无进展。同日，第五军补充第二团的一部由南阳车站以西勃因山脉森林迂回至同古附近，一度攻入克容冈机场。同古城南、西、北三面的敌人，由于受到远征军其他部队的攻击被牵制，对同古的攻击有所减轻。但从东面对师指挥部的攻击依然没有放松。日军企图拿下城东阵地，造成中国军队指挥系统的瘫痪，切断第二〇〇师后路，将该师一举全歼。

同古的形势仍然是十分危险的，这一点身为远征军第一路副总司令官的杜聿明心里非常清楚，也非常着急。日军不断向同古增兵，第二〇〇师经过十一天的艰苦作战，伤亡很大，“已濒弹尽粮绝之境”。敌我力量过于悬殊，不利再战，且敌人紧缩了对同古的包围圈，我军退路有被截断的危险。在此关键时刻，杜聿明认为远征军已不能集中兵力与敌军决战，如再旷日持久，坐视第二〇〇师被敌军歼灭，远征军将被敌人各个击破，而致全军覆灭。因此，

△ 第二〇〇师战士在同古

他决心要第二〇〇师突围撤退，保存实力，此后再选择时机，与敌决战。但史迪威仍然坚持要在同古附近与日军决战，反对撤出第二〇〇师。杜聿明只好将他的意见越级向蒋介石禀报。蒋介石经再三权衡，为了保住自己的嫡系部队，才终于同意让第二〇〇师撤出同古。

戴安澜接到杜聿明的突围命令，进行了周密的部署。他让郑庭笈来组织全师的撤退，先派第五九九团一个营通过锡唐河大桥向敌人实行佯攻，同时掩护各团渡过锡唐河，主力撤出同古以后将锡唐河大桥破坏。撤退是在 29 日夜里进行的，戴安澜亲自来到锡唐河边接应部队撤出，撤退工作组织得很好。虽然四面枪声不绝，但是全师秩序井然，迅速撤出阵地，在敌人包围中悄无声息地安全转移。到30日拂晓，全师官兵包括担架上抬的伤员全部渡过锡唐河，沿锡唐河东岸转移到叶达西。

日军丝毫没有觉察到第二○○师的撤离动向，仍然紧紧地围着这座空城。30日天亮以后，日军第五十五师团和第五十六师团集中全力，重新组织步兵、炮兵、空军联合向同古城内大举进攻。一时间同古城上空，炸弹和炮弹爆炸声、枪声响成一片。这时，第二○○师牵制敌人的小部队也已安全渡河。敌人冲进城去，才发现眼前这座空荡荡的同古城内已经没有第二○○师的影子了。

同古保卫战是第一次缅甸战役中作战规模最大、坚守时间最长、歼灭敌人最多的一次战斗。第二○○师在没有空军协同作战、内缺粮弹、外无援兵的情况下，与四倍于己、且配备了重炮、战车、步兵特种兵和空军的日军两个精锐师团连续苦战了十二天，以伤亡两千余人的代价，打退了日军二十多次冲锋，歼灭敌军五千多人，俘敌四百多人，击毁坦克、装甲车十四辆，最后安全撤出同古城，连一兵一卒也没有丢下，全师而归，创造了中国现代城市防御作战史上的一个奇迹。此战掩护了英军第一师的安全撤退，为中国远征军后续部队的集结争取了时间。同古保卫战是中国远征军出国参战所取得的首次胜利。它打出了国威，在国内外引起了强烈的反响，成为中国抗战史上光辉的一页。

同古保卫战为中国军队赢得了声誉，初步矫正了西方人对中国军队的歧视和偏见。美国军方将戴安澜称为“有才能、有魄力并有相当大胆量”的将军。他们认为，同古保卫战是“所有缅甸保卫者所坚持的最长的防卫行动，并为该师和他的指挥官赢得了巨大的荣誉”。英国《泰晤士报》记者白德恩对戴安澜的沉着冷静、指挥若定和第二〇〇师官兵英勇战斗、不怕牺牲的精神，予以高度的评价：“同古之命运如何，姑可不论，但被围守军以寡敌众与其英勇作战之经过，实使中国军队之光荣簿中增一新页。英方各界对于华军敢死，像以手榴弹消灭敌坦克车之壮举，以及华军射击敌人之准确，无不同声赞扬。”

日军占领同古之后，并没有大肆宣扬他们的胜利，相反却大胆地承认了同古战斗的激烈和日军攻击的艰苦。日本军方认为，同古战役是他们所经历的“最艰难的战斗之一”。甚至连东条英机也在日本议会上讲道：同古一役是日军自（日俄战争）旅顺攻城以来所从未有过的苦战。日本侵缅军总司令饭田祥二郎中将在此战后惊呼：“同古之战，敌军抵抗既极顽强，又善夜战和阻击，使我军遭到了重大损失。”第五十五师团师团长竹内宽的评价是：“敢于以悬殊力量与帝国陆军师对师对决的中国军，二〇〇师为第一支，同古之役，铁血之战……”

国内的舆论对戴安澜及其指挥的第二〇〇师更

是赞誉有加。重庆的报纸称同古保卫战“无论在中国抗战史或世界大战史上均有其不朽的价值”。3月29日，蒋介石发来“寅艳奖电”，嘉许戴安澜率领第二○○师坚守同古重创日军的战绩。不久蒋介石又对此战作出评价：“中国军队的黄埔精神战胜了日军的武士道精神！”

攻克棠吉

☆☆☆☆☆

（38岁）

同古战役后，4月5日，蒋介石再度入缅视察战局。6日蒋介石召见戴安澜汇报同古保卫战的经过，听后甚为满意，对戴安澜勉励一番，并要他将部队休整好，准备参加下一步的平满纳会战。召见后，蒋介石与他共进晚餐。最令戴安澜受宠若惊的是，当晚蒋介石留他在其卧室隔壁住了一宿，以示特别的恩宠。

在同古失守之后，蒋介石准备组织远征军

采取新的攻势，在平满纳地区举行会战。4月9日，远征军第一路司令长官部制订了平满纳会战计划，其兵力部署是：以新编第二十二师配属炮兵、战车各一部为阻击兵团，扼守斯瓦纳河沿岸，以逐次抵抗消耗日军，掩护主力准备会战；以第九十六师配属炮兵、战车各一部为固守兵团，坚守平满纳地区，吸引敌人；以第二〇〇师为机动兵团亦配属炮兵、战车各一部，待敌在平满纳与我固守兵团胶着时，发动攻击；同时阻击兵团由敌之侧后出击，将日军围歼。另以第六军暂五十五师主力集结于黑河附近，阻止日军沿毛奇公路占领棠吉，保护远征军主力左翼；由英军固守阿篮庙，保护远征军右翼。

4月5日，日军第五十五师团开始攻击新编第二十二师设在斯瓦纳河沿岸的阵地。新编第二十二师运用逐次抵抗战术，在予以日军一定杀伤后，当晚主动放弃南阳车站警戒阵地，撤至叶达西。双方在叶达西激战两天，又向斯瓦转移。11日起，日军得到第十八师团的增援，又开始攻击斯瓦的新编第二十二师阵地。新编第二十二师仍以节节抵抗的战法阻滞敌人。战至16日，按计划撤至平满纳即设阵地。

就在远征军平满纳会战准备就绪，日军主力已被吸引到平满纳设伏地区，会战即将打响之时，出现了意想不到的不利情况。英军面对日军的进攻，早已完全丧失了斗志。继4月1日放弃普罗美之后，又于4月上中旬相继放弃了沙斯瓦、阿篮庙和马格威。将平满纳地区中国远征军的右翼完全暴露在日军的攻击之下。东线方面，兵力分散的暂五十五师也被日军以优势兵力各个击破，毛奇、保拉克、南帕等地先后失守。部署在平满纳的远征军主力第五军的两翼都受到严重威胁，只好于4月18日被迫放弃即将发起的平满纳会战。

侵缅日军发现东线是中国军队的薄弱环节，更加强了这个方向的攻击力量。4月20日，第五十六师团攻占衣罗考。23日，日军又抢占了棠吉。棠吉一失，中国远征军司令部所在地腊戌的门户洞开，远征军面临陷入日军包围的危险境地。危急关头，史迪威和罗卓英决定调第二〇〇师急速回师，复夺棠吉。

棠吉是缅甸南珊邦的首府，毛奇至腊戌和敏铁拉至景东两条公路在此交汇，是中日两军必争之地，战略地位十分重要。

平满纳会战计划取消之后，第二〇〇师奉命驰援西线的乔克巴当以解英军之围。这时又接到新的命令，戴安澜立即派军骑兵团和第五九八团附装甲车连先行出发，师主力随后跟进，星夜兼程奔向棠吉。

4月23日午后，第五九八团到达棠吉15公里黑河的时候，即与敌人遭遇。经猛烈攻击，将日军击退，并于当晚推进至距棠吉 6 公里处。

戴安澜率师主力赶到位于棠吉至黑河间的瑞央。在了解战场情况后，戴安澜即令第六〇〇团二营并指挥原在该地警戒的第五九八团五连，一举攻占了日军在棠吉西侧的警戒阵地沈白。随即戴安澜作出了攻击棠吉的作战部署：师主力在骑兵团掩护下展开，完成对棠吉之攻击准备。以第六〇〇团在火力支援下进行正面攻击，以五九八团（欠一营）在左，第五九九团在右，实行两翼包围、夹击守敌，另以一营兵力秘密迂回到棠吉东方切断日军后路；定于次日拂晓开始攻击棠吉，务求速战速决，迅速收复棠吉。在战前军事会议上，戴安澜向大家分析了棠吉之战的特点。他指出，此战主要是山地攻击战。师部确定的作战方针是：向敌主阵地开始攻击之前，首先迅速占领棠吉两翼高地，尔后再一举攻进城区，将守敌包围歼灭。

尽管经过连续战斗，第二〇〇师已经严重减员，全师兵员下降到 6200 人，且因连日往返奔波，官兵们非常疲劳，但大家的斗志仍然十分旺盛，对夺取棠吉战斗的胜利充满信心，全师连夜完成了展开和战前准备工作。

4 月 24 日拂晓，第二〇〇师按预定计划发起对棠吉城的攻击。趁浓雾笼罩棠吉全城之际，第二〇〇师部队以迅雷不及掩耳之势将正在迂回棠吉以西的敌军击退。在城里敌人还没起床之前，又乘胜向棠吉城西、南、北三面高地攻击。攻击部队在炮兵和装甲车的炮火掩护下，勇敢前进，进展很快。至当日黄昏，占领了棠吉城周围的许多高地。但日军仍占据着城南宝塔山一带，负隅自守，准备夜间伺机反扑。

当夜第二○○师全线停止攻击，戴安澜要求各部队坚守现有阵地，对敌军加以严密监视，决定第二天拂晓发起攻击，各部队合围聚歼棠吉之敌。考虑到日军仍占据着宝塔山等高地顽抗，戴安澜决定调榴弹炮连至高地附近隐蔽，当我军发起攻击时，炮火予以支援。

4月25日拂晓，第二○○师全线向棠吉守敌发起进攻。戴安澜亲临第一线指挥夺取棠吉的战斗。他命令第六○○团沿公路向棠吉正面进攻，第五九九团从侧面高地包围棠吉的侧背。为争夺宝塔

▽ 中国远征军赴缅作战时使用的德制PAK37战防炮

山，双方进行了激烈战斗。为彻底消灭宝塔山负隅顽抗之敌，戴安澜命令榴弹炮连随步兵进展推进阵地，对宝塔山猛烈射击。在炮兵的掩护下，步兵向山上反复发起冲锋，冲入敌阵后与日军肉搏血战。在第二〇〇师官兵的猛烈攻击下，山上日军伤亡过半，一度冒死向山下突围，在我军射杀之下损伤更巨，结果无力抵抗，溃不成军，四路逃窜，宝塔山被第二〇〇师攻下。

经过十几个小时的激烈争夺，至 25 日下午 16 时，第五九九团一营已经占领棠吉至雷林的公路，二营、三营已经占领了棠吉四周的高地，棠吉城已经完全丧失遮蔽屏障，处于第二〇〇师的火力控制之下。黄昏时分，第六〇〇团进入城内与敌人展开激烈的巷战。

在强大火力掩护下，激战至 25 日 18 时，第二〇〇师控制了棠吉全城。随后第五九八团又对城内残敌进行扫荡。到深夜，凭险据守棠吉东南隘路建筑物内的敌人也被最后肃清。

第二〇〇师在此战中英勇果敢，迅速攻克敌占城市，并取得了击毙日军第五十六师团第一一三联队第三大队长入部兼康少佐以下四百余人的辉煌战绩。在争夺棠吉的战斗中，戴安澜身先士卒，亲临前线指挥冲锋，同官兵一道进行血战。他的随从副官孔德宏负伤，卫士樊国样牺牲，他本人也曾几度处于极其危险的境地，可见战斗的残酷激烈。

国民政府对第二〇〇师入缅后的战功倍加赞许，蒋介石特颁发奖金100万元，罗卓英也颁发50万元，进行犒赏。史迪威将军对戴安澜赞誉道:“近代立功异域，扬大汉之声威者殆以戴安澜将军为第一人。”

攻克棠吉的捷报传来，国人无不欢欣鼓舞。戴安澜的名字再次出现在中国、美国和英国的各家报纸上，成为英勇善战的中国军人的代名词。

沙场捐躯 青史流芳

（1942）

缅北撤退

☆☆☆☆☆

（38岁）

第二〇〇师虽收复了棠吉，但并不能使远征军的处境得到很大改善。史迪威和罗卓英一味醉心于所谓的“曼德勒会战”，再次忽略了对大本营腊戍的防御。4月24日，日军第五十六师团占领棠吉东北面的雷列姆，尔后分两路北进，对腊戍形成夹击之势。

4月27日，南伦、西保失守。29日拂晓，日军一个联队在十余门小炮、六十余辆坦克和装甲车、十余架飞机的掩护下对腊戍发起猛攻。腊戍守军仅三个营的兵力，无力抵抗日军的攻击。战至当天中午，腊戍市区完全被日军攻占。丢失腊戍，便使中国远征军因回国的主要退路被日军切断，而面临行将全线崩溃的悲惨境地。

4月30日，日军第五十六师团从腊戍出发，于5月3日攻占滇缅边境重镇畹町。5月8日，又占领了缅北要地密支那，切断了远征军向国内撤退的另一条道路。此前，曼德勒已于5月1日失守。

远征军总部此时已经乱成一团，史迪威和罗卓英分头退向印度，于5月下旬进入印度境内。第五军在杜聿明率领下于5月7日向密支那方向转移。中途获悉密支那失守，遂从曼西地区改向孟关转进，进入缅北山区。后来部队进入人迹罕至的野人山区，在险恶的自然环境中遭受了难以忍受的种种折磨，部队损失甚大，最后只有三分之一的官兵侥幸到达印度。

棠吉克复不久，戴安澜奉命于4月26日放弃棠吉，尾追攻击由雷列姆北犯腊戍之敌。4月29日第二〇〇师进至雷列姆附近，正准备展开攻击，忽然接到杜聿明的急电，方知腊戍已然失守。5月4日，第二〇〇师遵照杜聿明的命令，向东北方向突围。5月8日通过眉苗，准备渡过南渡江，经八莫、南坎间撤回云南。第二〇〇师向北突围，要经过三路两河：即腊（戍）曼（德勒）公路、细（泡）摩（谷）公路、南（坎）八（莫）公路、南渡河、瑞丽江，一共有五道关口，其艰难程度可想而知。5月10日，戴安澜指挥官兵们伐木编排，安全渡过了河面宽约千米的南渡河，接着又顺利地通过了腊曼公路。

第二〇〇师的行踪已经受到日军的严密监视。一个多月前，第二〇〇师从铁壁合围的同古逃脱，被侵缅日军视为一大耻辱。现在该师陷身困境，日军认为这正是报同古之仇的天赐良机。他们发誓一定要抓住第二〇〇师，把这个冤家对头彻底消灭于缅北丛林之中。日军电台不断广播："要奠定东亚和平，非消灭第五军，尤其是第二〇〇师不可！"日本飞机也在密林中大量散发传单，上面画着一只老虎，后头是拿枪的猎人，前头张开一面大网，旁边写着："第二〇〇师跑不了！"

喋血沙场

☆☆☆☆☆

（38岁）

戴安澜率第二〇〇师官兵冒着炙热和雨淋，在深山密林中隐蔽行进。他们冲过日军设置的一道道封锁线，躲过了敌机的盘旋搜索，摆脱了敌人一次又一次的伏击，一步一步地向国境靠近。白日行军，要躲避公路、铁路、城镇、寺庙；晚上，官兵们依山傍树，席地而睡。经过十几天的艰苦跋涉，第二〇〇师隐蔽进至腊戍西南侧的朗科地区，这里离国境线大约有

150 公里左右的路程，回国的路程已走完十分之九，再过三五天就可以回国了。然而就在这时，意外的事情发生了。

5 月 18 日夜间，天正下着大雨，第二〇〇师准备通过细摩公路。尖兵搜索至距公路约两公里处，侦察得知日军已先于第二〇〇师占领了公路南侧的康卡村及其左右高地，企图对第二〇〇师进行截击。这部分日军约有两个大队，配有小炮两门、装甲车二十余辆。戴安澜决定全师分兵两路悄悄穿越公路。

前卫部队通过后，预先埋伏在那里的日军突然开火，一场激烈的战斗打响了。戴安澜指挥部队仓促应战。据幸存的戴安澜少校作战秘书张家福回忆，突围时戴安澜师长走在最前面，周之再参谋长走在第二，官兵们跟在后面。近在咫尺的敌人发现了他们，密林中响起“嗒嗒嗒”的机枪声。戴安澜师长身上连中数弹，倒在路旁草丛中。参谋长周之再毕业于日本士官学校，会日语，他向日本人喊话，对方以为是自己人停止了射击，官兵们才得以突围。这场混战使第二〇〇师伤亡惨重，第五九九团团长柳树人、副团长刘杰当场阵亡。官兵们把身负重伤的戴安澜抬到安全的地点。戴安澜胸、腹均中枪弹，军上衣被子弹炸开鸭蛋般大小的两个窟窿，鲜血正汩汩流淌，人已处于昏迷状态。

师参谋长周之再和第五九八团团长郑庭笈马上主持召开了师里的军官紧急会议。戴安澜苏醒过来之后，自知伤势严重，开始为自己预备后事。他对围在身边的师部主要军官和各团团长口授了一道命令：“我殉职之后，由师步兵指挥官兼第五九八团团长郑庭

◁ 远征军在缅甸丛林中作战

笈率部回国。”郑庭笈泪流满面地说：“师长，翻过前面那座大山，就到家了，你一定得挺住。”戴安澜点点头，说：“但愿如此。”

郑庭笈叫来担架，抬着戴安澜急速北撤。

5 月 19 日深夜，部队到达高堡附近。在这里戴安澜召集全师连长以上军官开会，军官们看见师长受伤，非常悲伤和难过，相视无语。戴安澜看着大家说：“不要沮丧，第二〇〇师这支部队无论如何要回到祖国去，如果我死了，部队也要回国。”部队稍事整理后，20 日下午由第五九八团任前卫，向康卡以东约 16 公里之郎科的另一小道前进。当天夜里第二〇〇师安全通过细摩公路继续北进，甩开敌人进入了安全地带。这就是以后所说的“郎科突围”。

戴安澜负伤以后，身卧担架，指挥部队转辗于深山密林之中。官兵们一边与日军周旋，一边艰难奔波在缅北的高山峡谷和热带雨林之中。5 月下旬，已是缅甸的雨季，终日大雨滂沱，林中满地沼泽，道路泥泞，行进尤为困难。部队不仅没有粮食和药品，甚至连块干净的绷带也没有。连日大雨，加上蚊子叮，蚂蟥咬，戴安澜身上那两个大伤口，感染、化脓、溃烂，却无法治疗，痛苦不堪。戴安澜受创之躯被雨淋日晒，伤势严重恶化，以致高烧不退。

戴安澜虽然痛苦万分，但胜利信念仍然不减。他屡次询问离国境还有多远，询问敌我双方交战情况，勉励部属努力杀敌，报效祖国。他命令部队日夜兼程，火速返国，不要因他的伤势而行动迟缓。有一天部队经过一个村子，戴安澜要求在村旁停下来休息一下，这时部队已几天未能好好休息，粮食早已断绝，只能寻找野菜、野果、山蚜等物充饥。戴安澜身体十分虚弱，一位营长设法向当地村民为他求得一碗粥糜，他仅仅喝了一口，左顾右盼地望着身边饥肠辘辘的官兵们，伤感地说："我怎么能忍心一个人独吃呢？"说着，两行热泪夺眶而出。

5月26日，部队行至缅甸北部的茅邦村。此地离国境不过三四十里地，此时，枪伤恶化，高烧不退，戴安澜已经心力交瘁，几次昏厥。他感到属于自己的时间不多了，于是吩咐卫士帮助他整理一下衣冠，从担架上将他扶起。弥留之际，周之再和郑庭笈去看他。戴安澜向二人询问部队目前的位置，离云南多远，还有几天能回国。郑庭笈一一作答。戴安澜边听边点头，苍白的脸上露出笑容。他庆幸部队生还有望。二人问道："师长，我们下一步如何把部队带回国去？"戴安澜示意他们将地图拿来，他指着地图，要部队立即在茅邦附近渡过瑞丽江，向西前进，又用手指了指回国的路线。戴安澜拉着郑庭笈的手，断断续续地说："如果我殉国了，你一定、一定要把部队带回祖国。"并伤感地叹道："我是有心杀贼，无力回天了！"使人闻之不禁潸然泪下。

祖国近在眼前。然而此时戴安澜的生命也已到了尽头。临终前，他深情地凝视着遥远的北方，嘴里喃喃地说："反攻！反攻！祖国万岁！……"

1942年5月26日下午17时40分，一代抗日名将戴安澜怀着满腔忧国忧民的深情和对全师官兵的倾心关切,壮烈殉国,时年仅38岁!

英灵归国

戴安澜将军壮烈牺牲后，全师官兵悲恸万分，顿时哭声一片。工兵营的士兵们含着热泪砍伐树木，制成一口棺木，将戴将军的遗体入殓。由第五九八团负责抬棺护送，跟随部队行进，戴安澜牺牲的第二天，部队就改变了原来的行军计划，在茅邦附近渡过了瑞丽江，然后沿着江西岸行进。在瑞丽江东岸设防的日军，一心等待第二〇〇师部队到来时加以阻击全歼，但他们罪恶的计划落空了。

部队过江后，由于天气高温炎热，尸体开始腐烂，不能抬着继续行军。师部决定将戴师长的遗体火葬，带骨灰回国。5月29日夜，在茂密的森林里，官兵们把将军遗体放在四五尺高的柴垛上面，点火焚烧。大家围站在火堆的四周，眼看着熊熊燃烧的火焰，与敬爱的师长做最后的永别。在浓烈的火光中，他们仿佛又看到了戴师长正带领着部队向日寇冲杀的情景，大家都悲愤地哭泣起来。这时，不知谁突然喊道："为师长报仇！"官兵们都跟着一起高呼起来："为师长报仇！为师长报仇！"高亢的呼喊声，穿过密林，越过高山，在天地间久久地回荡着……

大火熄灭后，负责收集遗骨的官兵仔细地将骨头捡起包好，放在一只新制成的小木匣里，然后再放入棺中，继续扶棺前进。

此后，第二〇〇师部队始终抬着戴师长遗骨，历尽千辛万苦，又在中缅边境的高山峡谷和原始森林中行进数日。6月初，全师通过了突围的最后一关——南八公路，终于回到了祖国母亲的身边。

万世景仰

戴安澜将军灵柩归国，西南各省官员和民众用各自不同的方式迎接英魂，表达了对抗日英雄的崇敬之情。

经过滇西腾冲县时，县长张向德，身穿白衣丧服，腰系草绳，脚踏草鞋，手持孝杖，率领全县各界人士，迎接灵柩。该县一位曾经欢送远征军出国作战的70岁老华侨，敬佩戴安澜将军忠勇报国的英雄气概，执意将一口为自己百年以后准备的楠木棺材献出，以供戴将军盛殓。在老华侨和家人的坚持下，第二〇〇师决定遵从老人的意愿，将戴将军的遗骨放到楠木棺材中重新厚殓。之后戴安澜的灵柩由第二〇〇师副师长高吉人率师一个排的兵力护送去昆明，沿途接受着人们的驻足瞻仰。

6月25日，第二〇〇师官兵到达云南漕涧集结，一百多天远征国外的悲壮历程就此结束。

7月15日，“魂兮归来”的戴安澜将军回到了数月前挥师出征的昆明。云南军政长官龙云、缪云台、卢汉等至十公里之外将灵柩接到城东体育场，举行了万人公祭。

7月22日，戴将军灵柩到达安顺。一年前戴安澜曾率第二〇〇师驻扎在这里，故该县民众要求灵柩在此地停留数日，为戴师长举行公祭。

7月31日，戴将军灵柩经贵阳、柳州、桂林，抵达第二〇〇师发祥地广西全州，暂厝在湘山寺内。

1943年4月1日，国民政府在全州湘山寺隆重举行全国性的追悼戴安澜大会。参加追悼大会的有广西省政府主席黄旭初、第五军军长杜聿明，全国各地代表及当地军民共一万余人。追悼大会由蒋介石的特派代表、国民党军事委员会西南办公厅主任李济深主持。李济深在悼词中说：

“戴故师长为国殉难，其身虽死，精神则永垂宇宙。不仅为第五军之模范，亦全中国军人之模范！”

国民政府军政要员蒋介石、陈立夫、孙科、孔祥熙、林森、陈诚、何应钦、白崇禧、张治中、徐庭瑶、杜聿明、宋希濂，艺术界代表徐悲鸿，世界各地华侨领袖陈嘉庚、胡文虎，以及湖南大学、《大公报》、《云南日报》、中苏文化协会桂林分会、英国大使馆武官等都赠送了挽联、挽诗，对戴安澜将军给予了极高的评价。

蒋介石所赠挽诗为：

虎头食肉负雄姿，看万里长征，与敌周旋欣不忝。

马革裹尸酹壮志，惜大勋未集，虚予期望痛何如。

中国共产党高度颂扬戴安澜将军的英雄气概和壮烈事迹，毛泽东、周恩来、朱德、彭德怀、邓颖超等中共领导人送了挽诗和挽联。

毛泽东所赠挽联为：

外侮需人御，将军赋采薇。

师称机械化，勇夺虎罴威。

浴血东瓜守，驱倭棠吉归。

沙场竟殒命，壮志也无违。

周恩来所赠挽联为：

黄埔之英　民族之雄

追悼大会以后，戴安澜将军灵柩在全州厝葬。因日寇进占广西，1944年7月葬于贵阳花溪河畔葫芦坡。1948年迁葬安徽时，在花溪留下了衣冠墓。

抗日战争胜利后，戴安澜的灵柩被迁回原籍安葬。1948年5月3日，国民政府在安徽芜湖为戴安澜将军举行公葬，由杜聿明主持安葬典礼，将灵柩安葬于芜湖市风景如画的小赭山之阳。公葬结束后各界民众列队前往墓地，送葬队伍达三里地之长。

戴安澜师长血洒异域以后，国内舆论界纷纷报道消息，发表文章，沉痛悼念。延安《解放日报》发表了题为《戴安澜师长殉国》的消息。重庆《中央日报》、《扫荡报》联合版发表题为《敬悼戴故师长安澜》的社论，指出：“戴故师长躬自督励，激发士卒，贯彻命令，以少击众，使中国军人的革命精神高扬于国境以外。”“戴故师长的殉职，虽为中国国家民族的一大损失，而浩气长存，足以鼓舞群伦，共向抗战必胜、建国必成之途迈进，无论在中国抗战史上或在世界大战史上均有其不朽的价值。”

△ 美国政府颁授给戴安澜的懋绩勋章

1942年10月6日，国民政府颁布命令，批准戴安澜由陆军少将追晋为陆军中将。同年12月31日国民政府又颁布命令，批准戴安澜烈士灵位入祀首都忠烈祠，同时入祀省、县忠烈祠。

戴安澜将军的英雄业绩在海外也引起了极大的震动。戴安澜是在第二次世界大战中，与盟军协同作战获取卓越战绩，不幸献身异域的第一位中国高级将领。美国政府为了表彰他在第二次世界大战中的巨大贡献，1942 年 10 月 29 日由美国总统罗斯福签署了向戴安澜颁发懋绩勋章的命令，戴安澜成为首位获此殊荣的中国军人。罗斯福总统在授勋证书写道：

“中华民国陆军第二〇〇师师长戴安澜将军于一九四二年同盟国缅甸战场协同援英抗日时期，作战英勇，指挥卓越，圆满完成所负任务，实为我同盟国军人之优良楷模。本总统依据美国国会授权，特追赠懋绩勋章一座，以示表彰并崇敬中华民国军人之特优传统。”

戴安澜是为中华民族独立和解放而献身的民族英雄，新中国成立后，中国共产党和人民政府对他的历史贡献给予了充分的肯定。1956 年 9 月 21 日，中央人民政府内务部追认戴安澜将军为革命烈士。同年 10 月 3 日，向戴安澜将军的遗属颁发了经毛泽东主席签署的《革命牺牲军人家属光荣纪念证》，以表彰先烈，并致慰遗属。1985 年 6 月 15 日，国家民政部又统一颁发了《革命烈士证书》。

弹指间六十多年过去了，中国人民不会忘记著名抗日爱国将领戴安澜的伟大历史功绩，他的光辉业绩和伟大品德将为炎黄子孙千秋万代所传颂！

后 记

文韬武略 热血忠魂

一代英豪戴安澜，身为堂堂一师之长，其实原本可以不死。但他“视死如归，悲壮激烈，临阵不退，见危甘蹈”，最后竟战死国门外，马革裹尸还！这是一位赤胆忠心的铮铮铁汉，一位不避艰险的热血军人，一位用生命实现承诺的民族英雄。他的功勋可昭日月，他的结局悲惨壮烈，他的壮举令人荡气回肠！面对这样一位伟大英雄，每一个有血性、有良知的中国人，都不能不为之震撼和感动！

戴安澜之所以能够成为一位受到全民族爱戴的英雄，这首先源于他对祖国的忠诚与热爱。他早年立下报国之志，把维护国家和民族利益视为个人的最高追求。他是一位为了抗日而生的军人。他曾慷慨而言：“为民族战死沙场，男儿之份也！”正是这样强烈的责任感和使命感，激励着他义无反顾，顽强拼搏，杀敌建勋。

戴安澜出身贫寒。由普通农家子弟，到威震敌胆的抗日名将，他经历了一个自强自立、自我完善的过程。他的成功得益于三个方面的因素：一曰“高人指点”，戴端甫、周恩来、徐庭瑶、关麟征、杜聿明等的指导、帮助、提携，为他个人成长发展指引了方向。二曰“勤于学习”，他酷爱读书，发奋补习现代科学知识，钻研军事理论与战术技术，使自己得以胜任中国第一个机械化师师长之职。三曰“勇于实践”，他积极投身抗日战争的伟大实践，在战争中接受考验，在实践中不断提高。这些使他具备了卓越的军事指挥才能，掌握了克敌制胜的方法，成为一位文韬武略、智勇双全的优秀将领。

有位学者说过：“八年的抗战期间不容否认地是中华民族历史上独特的最伟大也最神圣的时代。”抗日战争给中国历史命运带来了巨大的转机，也给中国人的精神面貌带来了深刻的改变。伟大的时代造就了千千万万个不朽的英雄。他们承担了挽救民族危亡的历史重任，也创造了伟大的抗战精神。这就是：不畏强暴、不甘屈辱的自强精神，万众一心、和衷共济的团结精神，舍生忘死、前仆后继的牺牲精神，百折不挠、奋斗到底的坚韧精神。作为抗日英雄群体中的杰出代表，这些精神在戴安澜身上获得了充分的体现。他用舍生忘死、英勇卓绝、殊死奋战的行动，使自己成为抗战精神的承载者和诠释者。他用一个真正军人的恪守和忠贞，去为一个宏伟目标无怨无悔地奋斗着，这个目标就是民族的独立和振兴。

今天，我们幸福地生活在安宁祥和的太平盛世，不能忘记先烈们为争取解放、缔造和平而付出的苦难艰辛。我们虽然不必像戴安澜将军那样为抗击侵略者去浴血战斗，但肩上同样负有一份沉甸甸的责任，那就是为振兴中华、民族复兴而奋斗。这是一场没有硝烟的战斗，仍然需要大无畏的拼搏精神和献身精神。我们崇敬戴安澜将军，学习戴安澜将军，就要像他那样，辛勤努力，无私奉献，把祖国建设得更美好，让国家强盛于世界，让英雄含笑于九泉！